KB071933

초보자를 위한
기초 역학 요점정리 노트

초보자를 위한
기초 역학 요점정리 노트

초판 1쇄 인쇄일	2023년 10월 23일
초판 1쇄 발행일	2023년 10월 30일

지은이	성경연
펴낸이	최길주

펴낸곳	도서출판 BG북갤러리
등록일자	2003년 11월 5일(제318-2003-000130호)
주소	서울시 영등포구 국회대로72길 6, 405호(여의도동, 아크로폴리스)
전화	02)761-7005(代)
팩스	02)761-7995
홈페이지	http://www.bookgallery.co.kr
E-mail	cgjpower@hanmail.net

ⓒ 성경연, 2023

ISBN 978-89-6495-278-8 03180

초보자를 위한
기초 역학 易學

요점정리 노트

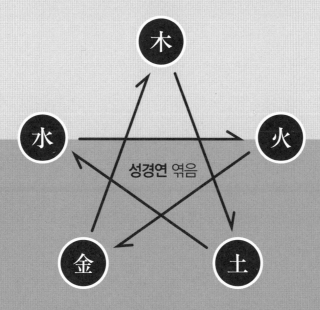

성경연 엮음

BG 북갤러리

기초 역학의 요점만 정리한 책

이 책은 기초 역학을 노트 필기형식으로 요점만 정리한 것입니다.

기존의 역학 서적을 한번쯤 접해보셨던 분들께 많은 도움이 되리라 생각합니다.

책의 내용에 대한 이해도 중요하지만, 역학은 외우지 않고서는 결코 실전에서 응용할 수 없는 부분이 많습니다. 하지만 이제 걱정하지 않으셔도 됩니다. 이 책이 기초 역학의 요점을 정리한 책이기 때문입니다.

시중에 나와있는 책들은 내용이 장황하고 읽을 때는 알 것 같지만, 뒤돌아서면 금방 잊어버리는 경험을 누구나 한번쯤 해보셨을 것입니다. 내용을 정리해서 외우려면 또다시 요점정리를 해야 하는 번거로움이 있습니다.

우선 외워야 할 핵심은 완전히 외우고 나서 설명이 쉽게 되어 있는 책을 골라보면 좋을 것 같다는 생각을 하게 되었습니다. 그래서 이 책을 엮었습니다. 역학

공부의 어려움을 이 책을 통해 이겨내시기 바랍니다.

'공부에는 왕도가 없다' 는 말이 있습니다. 열심히 노력하는 수밖에 없습니다.
무조건 외울 것은 외우고 잊어버리지 않는 방법이 제일 좋을 듯 싶습니다.

공부하는 분들께 조심스럽게 이 책을 권해봅니다.

성 경 연

목차

1 오행(五行)이란?

木(목), 火(화), 土(토), 金(금), 水(수)의 5개를 말한다.

木 火 土 金 水 오행의 움직임에 의해서 상생(서로가 서로를 낳고 도와주는 관계)이 되기도 하고 상극(서로가 서로를 이기고 제압하는 관계)이 될 수도 있다.

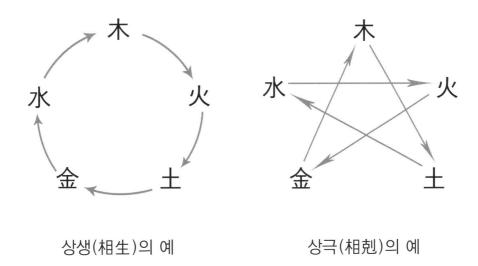

상생(相生)의 예   상극(相剋)의 예

木生火　목생화
火生土　화생토
土生金　토생금
金生水　금생수
水生木　수생목

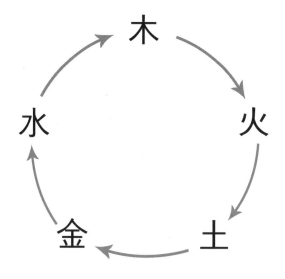

1. 상생(相生)의 뜻

서로가 도움을 주며 살려(生)준다는 뜻이다.

2. 상생(相生)의 종류

(1) 木生火(목생화) → 나무는 불을 낳는다(生→낳는다는 의미로 해석).

(2) 火生土(화생토) → 불은 흙을 낳는다.

(3) 土生金(토생금) → 흙은 쇠를 낳는다.

(4) 金生水(금생수) → 쇠는 물을 낳는다.

(5) 水生木(수생목) → 물은 나무를 낳는다.

3. 오행(五行)

木(나무), 火(불), 土(흙), 金(쇠), 水(물)

4. 풀이

(1) 木生火(목생화)

　①木(목)이 火(화)를 生(생)하니 木生火(목생화)라 한다.

　②木(목)이 火(화)를 生(생)하면 火(화)는 金(금)을 제압해서 도끼(金)가
나무(木)를 베어버리지 못하게 보호해 준다.

　③약한 불(火)에 너무 많은 나무(木)를 넣으면 불이 꺼져버린다. 그러므로
生(생)한다 하여 모두 좋은 것이 아님을 참고하기 바란다.

(2) 火生土(화생토)

　①火(화)가 土(토)를 生(생)하니 火生土(화생토)라 한다.

　②火(화)가 土(토)를 生(생)하면 土(토)는 水(수)를 제압해서 물(水)이 불(火)
을 끄는 형상을 막아준다.

③불(火)이 너무 많으면 땅(土)이 메말라 버린다.

(3) 土生金(토생금)

①土(토)가 金(금)을 生(생)하니 土生金(토생금)이라 한다.

②土(토)가 金(금)을 生(생)하면 金(금)은 木(목)을 제압해서 나무(木)가 토양(土) 속의 영양분을 모두 빼앗아 가는 것을 막아준다.

③흙(土)이 너무 많으면 쇠(金)가 땅 속 깊숙이 묻혀서 세상으로 나올 수 없이 매장되고 녹슬어 버린다.

(4) 金生水(금생수)

①金(금)이 水(수)를 生(생)하니 金生水(금생수)라 한다.

②金(금)이 水(수)를 生(생)하면 水(수)는 火(화)를 제압해서 불(火)이 쇠(金)를 녹여버리는 것을 막아준다.

③쇠(金)가 너무 많으면 금속물질 등이 물(水)에 흘러나와서 물이 탁해진다.

(5) 水生木(수생목)

①水(수)가 木(목)을 生(생)하니 水生木(수생목)이라 한다.

②水(수)가 木(목)을 生(생)하니 木(목)은 土(토)를 제압해서 흙(土)이 물길을 막거나 물웅덩이를 매워버리는 것을 막아준다.

③물(水)이 너무 많으면 나무(木) 뿌리가 썩어 죽게 된다.

여기에서,

生(생)한다 하여 모두 좋은 것도 아니며

극(剋)한다 해서 모두 나쁜 것도 아니다.

또한 많다고 해서 좋은 것도 아니며 적다고 해서 나쁜 것이 아니라는 것을 염두에 두자.

3 상극(相剋)

木剋土　목극토

土剋水　토극수

水剋火　수극화

火剋金　화극금

金剋木　금극목

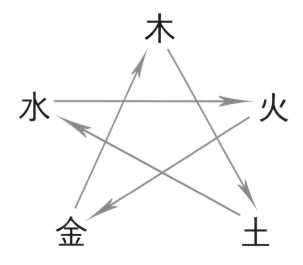

1. 상극(相剋)의 뜻

서로가 극(剋)한다, 이긴다, 정복한다, 제압한다의 뜻이다.

내가 이길 수도 있고 상대가 나를 이길 수도 있다.

2. 상극(相剋)의 종류

(1) 木剋土(목극토) → 나무는 흙을 이긴다(흙에서 영양분을 빼앗아 성장한다).

(2) 土剋水(토극수) → 흙은 물을 이긴다(메워버린다).

(3) 水剋火(수극화) → 물은 불을 이긴다(끈다).

(4) 火剋金(화극금) → 불은 쇠를 이긴다(녹인다).

(5) 金剋木(금극목) → 쇠는 나무를 이긴다(베어버린다).

3. 오행(五行)

木(나무), 火(불), 土(흙), 金(쇠), 水(물)

4. 풀이

(1) 木剋土(목극토)

①木(목)이 土(토)를 剋(극)하니 木剋土(목극토)라 한다.

②나무(木)는 흙(土)에서 영양분을 빼앗아 성장한다.

③그러나 토양이 비나 바람에 의해 유실되지 않으려면 나무 뿌리로 단단히 잡아 주어야 한다.

(2) 土剋水(토극수)

①土(토)가 水(수)를 剋(극)하니 土剋水(토극수)라 한다.

②흙(土)으로 물웅덩이를 메워버리거나 물길을 막아버릴 수 있다.

③그러나 흙으로 제방을 쌓아주지 않으면 제대로 된 물길을 만들 수가 없고

물웅덩이조차 존재할 수가 없다.

(3) 水剋火(수극화)

①水(수)가 火(화)를 剋(극)하니 水剋火(수극화)라 한다.

②물(水)이 불(火)을 꺼버린다.

③그러나 불은 물의 냉기를 거두어 만물의 소생에 도움이 되게 한다.

(4) 火剋金(화극금)

①火(화)는 金(금)을 剋(극)하니 火剋金(화극금)이라 한다.

②불(火)은 금(金)을 녹여 형체를 변형시킨다.

③그러나 쇠(金)는 불(火)이 없이는 실용적인 도구로 변화되지 못하므로 제대로 쓰여지기 위해서는 불(火)의 도움이 필요하다.

(5) 金剋木(금극목)

①金(금)은 木(목)을 剋(극)하니 金剋木(금극목)이라 한다.

②도끼(金)는 나무(木)를 베어버린다.

③그러나 나무가 곧고 바르게 자라기 위해서는 도끼로 나무의 잔가지들을 베어주어야 한다.

4 천간(天干)이란?

甲(갑), 乙(을), 丙(병), 丁(정), 戊(무), 己(기), 庚(경), 辛(신), 壬(임), 癸(계)
의 열 개의 글자이다.

천간은 10개의 글자로 이루어져 있고 순서가 홀수인 것이 양(陽), 짝수인 것이
음(陰)이다.

천간	甲	乙	丙	丁	戊	己	庚	辛	壬	癸
순서	1	2	3	4	5	6	7	8	9	10

陽(양)	甲	丙	戊	庚	壬
陰(음)	乙	丁	己	辛	癸

천간의 성격

①甲 : 큰 나무, 한번 쓰러지면 재기하기 어렵다.

②乙 : 새싹, 생명력이 강하다.

③丙 : 태양

④丁 : 쇠를 녹이는 불, 촛불, 등대

⑤戊 : 큰산

⑥己 : 논, 밭, 기름진 땅, 농사를 지을 수 있는 땅

⑦庚 : 사람의 손길이 필요한 다듬어지지 않은 원석, 바위, 쇳덩어리

⑧辛 : 사람의 손길로 다듬어진 쇠붙이, 바늘, 칼, 못, 침, 보석, 장신구

⑨壬 : 큰바다, 거대한 호수

⑩癸 : 작은 시냇물, 샘물, 서리

천간(天干) 10개

甲	갑
乙	을
丙	병
丁	정
戊	무
己	기
庚	경
辛	신
壬	임
癸	계

천간		오행	음양	색깔
甲	갑	木	양	녹색
乙	을	木	음	
丙	병	火	양	붉은색
丁	정	火	음	
戊	무	土	양	노란색
己	기	土	음	
庚	경	金	양	흰색
辛	신	金	음	
壬	임	水	양	검정색
癸	계	水	음	

1. 천간(天干)은 모두 10개이다

순서	1	2	3	4	5	6	7	8	9	10
	甲	乙	丙	丁	戊	己	庚	辛	壬	癸
	갑	을	병	정	무	기	경	신	임	계

(1) 甲 :

　①한자로는 갑옷(갑)

　②첫 번째 천간이다.

　③방위로는 동쪽(東)

　④오행으로는 나무(木)목

　⑤계절로는 봄(春)

　⑥음양으로는 양(陽)

　⑦甲木(갑목)은 큰 나무라 한번 쓰러지면 재기를 잘못하는 경향이 있다.

　⑧나무가 상징하듯이 잠재적으로 성장하려는 의지와 따뜻한 기운을 가지고 있다.

　⑨우두머리 기질을 가지고 있다.

(2) 乙 :

　①한자로는 새(을), 제비(을)

　②두 번째 천간이다.

　③방위로는 동쪽(東)

　④오행으로는 나무(木)목

　⑤계절로는 봄(春)

　⑥음양으로는 음(陰)

⑦乙木(을목)은 이제 막 돋아나는 작은 새싹이므로 여리고 약하나 그 생명력이 아주 강하다.

⑧새싹이 나오는 모양이 새와 흡사하며 강인한 생명력과 추진력이 특징이다.

(3) 丙 :

①한자로는 남녘(병)

②세 번째 천간이다.

③방위로는 남쪽(南)

④오행으로는 불(火)화

⑤계절로는 여름(夏)

⑥음양으로는 양(陽)

⑦丙火(병화)는 태양을 상징한다.

⑧丙火(병화)는 강렬한 태양이지만 태양열로 쇠를 녹이지는 못한다.

세상을 밝게 비추어 주고 있듯이 그 성격이 밝고 정직하며 정열적이다.

(4) 丁 :

①한자로는 고무래(정), 장정(정), 일꾼(정)

②네 번째 천간이다.

③방위로는 남쪽(南)

④오행으로는 불(火)화

⑤계절로는 여름(夏)

⑥음양으로는 음(陰)

⑦丁火(정화)는 촛불, 등대, 쇠를 녹이는 불이 여기에 속한다.

⑧실용적인 불이므로 무엇인가 창조하려는 창조정신과 실용적인 일의 추진에 있어 따를 사람이 없다.

(5) 戊 :

　①한자로는 다섯 번째 천간(무)

　②다섯 번째 천간이다.

　③방위로는 중앙(中央)

　④오행으로는 흙(土)토

　⑤계절과 계절의 중간에서 계절을 조절하는 중간자적 역할을 한다.

　⑥음양으로는 양(陽)

　⑦戊土(무토)는 큰산을 말한다.

(6) 己 :

　①한자로는 몸(기), 자기(기)

　②여섯 번째 천간이다.

　③방위로는 중앙(中央)

　④오행으로는 흙(土)토

　⑤계절과 계절의 중간에서 계절을 조절하는 중간자적 역할을 한다.

　⑥음양으로는 음(陰)

　⑦己土(기토)는 논밭처럼 기름진 땅을 의미한다.

　⑧성품은 착하고 순하다.

(7) 庚 :

　①한자로는 일곱 번째 천간(경), 나이(경)

　②일곱 번째 천간이다.

　③방위로는 서쪽(西)

　④오행으로는 쇠(金)금

　⑤계절로는 가을(秋)

　⑥음양으로는 양(陽)

⑦庚金(경금)은 원석 자체. 다듬어지지 않은 쇳덩어리 등을 말한다.

⑧성품이 곧고 냉랭하다.

(8) 辛 :

①한자로는 매울(신), 괴로울(신)

②여덟 번째 천간이다.

③방위로는 서쪽(西)

④오행으로는 쇠(金)금

⑤계절로는 가을(秋)

⑥음양으로는 음(陰)

⑦辛金(신금)은 다듬어진 쇠붙이, 장신구, 보석 등을 의미한다.

⑧성품은 유약하고 여려 보이나 마음은 곧고 굳세다.

(9) 壬 :

①한자로는 아홉 번째 천간(임), 간사할(임)

②아홉 번째 천간이다.

③방위로는 북쪽(北)

④오행으로는 물(水)수

⑤계절로는 겨울(冬)

⑥음양으로는 양(陽)

⑦壬水(임수)는 큰바다 큰호수 등을 의미한다.

⑧큰물은 많은 생명체를 포용하여 살게 하듯이 그 마음이 넓고 크다.

(10) 癸 :

①한자로는 열 번째 천간(계)

②열 번째 천간이다.

③방위로는 북쪽(北)

④오행으로는 물(水)수

⑤계절로는 겨울(冬)

⑥음양으로는 음(陰)

⑦癸水(계수)는 샘물, 시냇물, 서리 등을 의미한다.

⑧마음이 넓고 깊으며 애교가 있다.

천간	甲	乙	丙	丁	戊	己	庚	辛	壬	癸
순서	1	2	3	4	5	6	7	8	9	10
음·뜻	갑옷(갑)	새(을)	남녘(병)	고무래(정)	다섯 번째 천간(무)	몸(기)	일곱 번째 천간(경)	매울(신)	아홉 번째 천간(임)	열 번째 천간(계)
방위	동쪽(東)		남쪽(南)		중앙(中央)		서쪽(西)		북쪽(北)	
계절	봄		여름		계절과 계절 사이를 조절하는 중간자적 역할		가을		겨울	
음양	양	음	양	음	양	음	양	음	양	음
색깔	녹색		붉은색		노란색		흰색		검정색	
내장기관	간·담낭		심장		비장·위장		폐·대장		신장·방광	
외부기관	눈		혀		몸체(몸통)		코		귀	

24

5 지지(地支)란?

子(자), 丑(축), 寅(인), 卯(묘), 辰(진), 巳(사), 午(오), 未(미), 申(신), 酉(유), 戌(술), 亥(해)의 12개의 동물이다.

子(자 → 쥐), 丑(축 → 소), 寅(인 → 호랑이), 卯(묘 → 토끼), 辰(진 → 용), 巳(사 → 뱀), 午(오 → 말), 未(미 → 양), 申(신 → 원숭이), 酉(유 → 닭), 戌(술 → 개), 亥(해 → 돼지)를 말한다.

지지는 12개의 동물로 이루어져 있고 순서가 홀수인 것이 양(陽)이고 짝수인 것이 음(陰)이다.

지지	子	丑	寅	卯	辰	巳	午	未	申	酉	戌	亥
순서	1	2	3	4	5	6	7	8	9	10	11	12

陽(양)	子	寅	辰	午	申	戌
陰(음)	丑	卯	巳	未	酉	亥

지지(地支) 12개

子	자	쥐
丑	축	소
寅	인	호랑이
卯	묘	토끼
辰	진	용
巳	사	뱀
午	오	말
未	미	양
申	신	원숭이
酉	유	닭
戌	술	개
亥	해	돼지

지지			오행	음양	색깔
子	자		水	양	검정색
丑	축		土	음	노란색
寅	인		木	양	녹색
卯	묘		木	음	녹색
辰	진		土	양	노란색
巳	사		火	음	붉은색
午	오		火	양	붉은색
未	미		土	음	노란색
申	신		金	양	흰색
酉	유		金	음	흰색
戌	술		土	양	노란색
亥	해		水	음	검정색

6 지지(地支) 암장(暗藏)

지지	子	丑	寅	卯	辰	巳	午	未	申	酉	戌	亥
지지에 포함되어 있는 천간	㉠癸	癸 辛 ㉡己	戊 丙 ㉢甲	㉣乙	乙 癸 ㉤戊	戊 庚 ㉥丙	己 ㉦丁	丁 乙 ㉧己	戊 壬 ㉨庚	㉩辛	辛 丁 ㉪戊	甲 ㉫壬

지지(地支) 암장이란?

지지가 포함하고 있는 한 개 또는 그 이상의 천간을 뜻한다.

지지에 포함되어 있는 천간 중에서 동그라미 표시 안에 있는 천간의 성향이 가장 강하게 나타난다.

①子는 양(陽)에 속하는 지지이나 쓰일 때는 癸, 음(陰)으로 쓰인다.

②亥는 음(陰)에 속하는 지지이나 쓰일 때는 甲, 壬, 양(陽)으로 쓰인다.

③午는 양(陽)에 속하는 지지이나 쓰일 때는 己, 丁, 음(陰)으로 쓰인다.

④巳는 음(陰)에 속하는 지지이나 쓰일 때는 戊, 庚, 丙, 양(陽)으로 쓰인다.

┌ 양(陽)이지만 음(陰)으로 쓰이는 지지 2개 : 子, 午

└ 음(陰)이지만 양(陽)으로 쓰이는 지지 2개 : 亥, 巳

7 각 월(月)의 십이지지(十二地支) 표

음력 지지	봄			여름			가을			겨울		
	1月 寅 인 호랑이	2月 卯 묘 토끼	3月 辰 진 용	4月 巳 사 뱀	5月 午 오 말	6月 未 미 양	7月 申 신 원숭이	8月 酉 유 닭	9月 戌 술 개	10月 亥 해 돼지	11月 子 자 쥐	12月 丑 축 소

①음력 1월은 호랑이(寅) 달이다.

②음력 2월은 토끼(卯) 달이다.   → 음력 1, 2, 3월은 봄에 해당

③음력 3월은 용(辰) 달이다.

④음력 4월은 뱀(巳) 달이다.

⑤음력 5월은 말(午) 달이다.   → 음력 4, 5, 6월은 여름에 해당

⑥음력 6월은 양(未) 달이다.

⑦음력 7월은 원숭이(申) 달이다.

⑧음력 8월은 닭(酉) 달이다.   → 음력 7, 8, 9월은 가을에 해당

⑨음력 9월은 개(戌) 달이다.

⑩음력 10월은 돼지(亥) 달이다.

⑪음력 11월은 쥐(子) 달이다.   → 음력 10, 11, 12월은 겨울에 해당

⑫음력 12월은 소(丑) 달이다.

8 사주 세우는 법

사주 팔자란?

네 개의 기둥에 여덟 글자가 쓰이는 것을 말한다.

(예) 1970년 8월 21일 오후 5시 30분(음력)

시주	일주	월주	년주
오후 5시 30분	21	8	1970
癸	甲	乙	庚
酉	辰	酉	戌
노년기	장년기	청년기	유년기

사주를 식물의 성장과정에 비유하기도 한다.

년주	1970년	庚戌年	뿌리(근, 根)	유년기	태어난 해는 조부모에 해당
월주	8월	乙酉月	싹(묘, 苗)	청년기	태어난 달은 부모에 해당
일주	21일	甲辰日	꽃(화, 花)	장년기	태어난 날의 천간은 나(본인)에 해당 태어난 날의 지지는 배우자에 해당
시주	오후 5시 30분	癸酉時	열매(실, 實)	노년기	태어난 시간은 자식에 해당

태어난 년월일시를 찾으려면 《만세력》이란 책이 별도로 필요하다. 인터넷을 이용하면 쉽게 찾을 수 있는데 검색창에 '만세력'을 치면 무료로 검색할 수 있다.

9 이십사절기(二十四節氣)

1년은 12개의 절(節)과 12개의 기(氣)로 구성되어 있다.

음력	1月	절(節)	입춘	立春
		기(氣)	우수	雨水
	2月	절(節)	경칩	驚蟄
		기(氣)	춘분	春分
	3月	절(節)	청명	淸明
		기(氣)	곡우	穀雨
	4月	절(節)	입하	立夏
		기(氣)	소만	小滿
	5月	절(節)	망종	芒種
		기(氣)	하지	夏至
	6月	절(節)	소서	小暑
		기(氣)	대서	大暑
	7月	절(節)	입추	立秋
		기(氣)	처서	處暑
	8月	절(節)	백로	白露
		기(氣)	추분	秋分

음력				
	9月	절(節)	한로	寒露
		기(氣)	상강	霜降
	10月	절(節)	입동	立冬
		기(氣)	소설	小雪
	11月	절(節)	대설	大雪
		기(氣)	동지	冬至
	12月	절(節)	소한	小寒
		기(氣)	대한	大寒

①입춘 : 봄의 시작

②우수 : 봄비가 내리기 시작하는 시기

③경칩 : 겨울잠을 자던 개구리가 깨어나는 시기

④춘분 : 낮과 밤의 길이가 같은 시기

⑤청명 : 맑고 밝은 봄 날씨의 시작

⑥곡우 : 곡식 농사에 이로운 비가 내리는 시기

⑦입하 : 여름의 시작

⑧소만 : 밀보리가 여물기 시작하는 시기

⑨망종 : 보리가 익어 수확이 가능한 시기

⑩하지 : 낮이 가장 긴 날

⑪소서 : 더위가 시작되는 날

⑫대서 : 여름 중 가장 더운 날

⑬입추 : 가을이 시작되는 날

⑭처서 : 더위가 물러나는 시기

⑮백로 : 이 무렵 이슬이 내린다.

⑯추분 : 낮과 밤의 길이가 같은 시기

⑰한로 : 차가운 이슬이 본격적으로 내리는 시기

⑱상강 : 서리가 내리는 시기

⑲입동 : 겨울의 시작을 알리는 날

⑳소설 : 눈이 내리기 시작하는 시기

㉑대설 : 본격적으로 눈이 가장 많이 내리기 시작하는 시기

㉒동지 : 동지팥죽을 먹는 날. 일년 중 밤이 제일 긴 날

㉓소한 : 겨울의 매서운 추위가 본격적으로 시작되는 날

㉔대한 : 겨울 중 가장 추운 날

10 십이지지의 시간 조성표

子時(자시)	쥐	밤 11시 ~ 1시
丑時(축시)	소	새벽 1시 ~ 3시
寅時(인시)	호랑이	새벽 3시 ~ 5시
卯時(묘시)	토끼	새벽 5시 ~ 7시
辰時(진시)	용	오전 7시 ~ 9시
巳時(사시)	뱀	오전 9시 ~ 11시
午時(오시)	말	오전 11시 ~ 1시
未時(미시)	양	오후 1시 ~ 3시
申時(신시)	원숭이	오후 3시 ~ 5시
酉時(유시)	닭	오후 5시 ~ 7시
戌時(술시)	개	오후 7시 ~ 9시
亥時(해시)	돼지	밤 9시 ~ 11시

※ 위의 표에서는 외우기 쉽게 단편적인 숫자로 표시하였음.

① 子時(자시)	밤 11시 ~ 12시 59분	(23시 ~ 0시 59분)
② 丑時(축시)	새벽 1시 ~ 2시 59분	(01시 ~ 02시 59분)
③ 寅時(인시)	새벽 3시 ~ 4시 59분	(03시 ~ 04시 59분)
④ 卯時(묘시)	새벽 5시 ~ 6시 59분	(05시 ~ 06시 59분)
⑤ 辰時(진시)	오전 7시 ~ 8시 59분	(07시 ~ 08시 59분)
⑥ 巳時(사시)	오전 9시 ~ 10시 59분	(09시 ~ 10시 59분)
⑦ 午時(오시)	오전 11시 ~ 12시 59분	(11시 ~ 12시 59분)
⑧ 未時(미시)	오후 1시 ~ 2시 59분	(13시 ~ 14시 59분)
⑨ 申時(신시)	오후 3시 ~ 4시 59분	(15시 ~ 16시 59분)
⑩ 酉時(유시)	오후 5시 ~ 6시 59분	(17시 ~ 18시 59분)
⑪ 戌時(술시)	오후 7시 ~ 8시 59분	(19시 ~ 20시 59분)
⑫ 亥時(해시)	밤 9시 ~ 10시 59분	(21시 ~ 22시 59분)

11 시주(時柱) 조견표

출생 시간 \ 태어난 날의 천간	甲일, 己일	乙일, 庚일	丙일, 辛일	丁일, 壬일	戊일, 癸일
밤 11시 ~ 1시	甲子	丙子	戊子	庚子	壬子
새벽 1시 ~ 3시	乙丑	丁丑	己丑	辛丑	癸丑
새벽 3시 ~ 5시	丙寅	戊寅	庚寅	壬寅	甲寅
새벽 5시 ~ 7시	丁卯	己卯	辛卯	癸卯	乙卯
오전 7시 ~ 9시	戊辰	庚辰	壬辰	甲辰	丙辰
오전 9시 ~ 11시	己巳	辛巳	癸巳	乙巳	丁巳
오전 11시 ~ 1시	庚午	壬午	甲午	丙午	戊午
오후 1시 ~ 3시	辛未	癸未	乙未	丁未	己未
오후 3시 ~ 5시	壬申	甲申	丙申	戊申	庚申
오후 5시 ~ 7시	癸酉	乙酉	丁酉	己酉	辛酉
오후 7시 ~ 9시	甲戌	丙戌	戊戌	庚戌	壬戌
밤 9시 ~ 11시	乙亥	丁亥	己亥	辛亥	癸亥

시주 조견표 만드는 방법

태어난 날의 천간 / 출생 시간	1 6 甲일, 己일		2 7 乙일, 庚일		3 8 丙일, 辛일		4 9 丁일, 壬일		5 10 戊일, 癸일	
밤 11시 ~ 1시	甲(1번)	子	丙	子	戊	子	庚	子	壬	子
새벽 1시 ~ 3시	乙	丑	丁	丑	己	丑	辛	丑	癸	丑
새벽 3시 ~ 5시	丙	寅	戊	寅	庚	寅	壬	寅	甲(6번)	寅
새벽 5시 ~ 7시	丁	卯	己	卯	辛	卯	癸	卯	乙	卯
오전 7시 ~ 9시	戊	辰	庚	辰	壬	辰	甲(5번)	辰	丙	辰
오전 9시 ~ 11시	己	巳	辛	巳	癸	巳	乙	巳	丁	巳
오전 11시 ~ 1시	庚	午	壬	午	甲(4번)	午	丙	午	戊	午
오후 1시 ~ 3시	辛	未	癸	未	乙	未	丁	未	己	未
오후 3시 ~ 5시	壬	申	甲(3번)	申	丙	申	戊	申	庚	申
오후 5시 ~ 7시	癸	酉	乙	酉	丁	酉	己	酉	辛	酉
오후 7시 ~ 9시	甲(2번)	戌	丙	戌	戊	戌	庚	戌	壬	戌
밤 9시 ~ 11시	乙	亥	丁	亥	己	亥	辛	亥	癸	亥

※ 천간 10개가 순서대로 6번 반복한다. 천간 옆에 지지 12개도 순서대로 적으면 완성됨.

12 천간 육친(六親) 조견표

육친명칭 태어난 날의 천간	비견	겁재	식신	상관	편재	정재	편관	정관	편인	정인
甲일	甲	乙	丙	丁	戊	己	庚	辛	壬	癸
乙일	乙	甲	丁	丙	己	戊	辛	庚	癸	壬
丙일	丙	丁	戊	己	庚	辛	壬	癸	甲	乙
丁일	丁	丙	己	戊	辛	庚	癸	壬	乙	甲
戊일	戊	己	庚	辛	壬	癸	甲	乙	丙	丁
己일	己	戊	辛	庚	癸	壬	乙	甲	丁	丙
庚일	庚	辛	壬	癸	甲	乙	丙	丁	戊	己
辛일	辛	庚	癸	壬	乙	甲	丁	丙	己	戊
壬일	壬	癸	甲	乙	丙	丁	戊	己	庚	辛
癸일	癸	壬	乙	甲	丁	丙	己	戊	辛	庚

나와 오행이 같고 음양이 같으면 (비견), 다르면 (겁재)

내가 생하고 음양이 같으면 (식신), 다르면 (상관)

내가 극하고 음양이 같으면 (편재), 다르면 (정재)

나를 생하고 음양이 같으면 (편인), 다르면 (정인)

나를 극하고 음양이 같으면 (편관), 다르면 (정관)

천간 육친 조견표 만드는 방법

육친명칭 / 태어난 날의 천간	비견 겁재	식신 상관	편재 정재	편관 정관	편인 정인
甲 (木) 乙	木 甲 乙 / 乙 甲	火 丙 丁 / 丁 丙	土 戊 己 / 己 戊	金 庚 辛 / 辛 庚	水 壬 癸 / 癸 壬
丙 (火) 丁	火 丙 丁 / 丁 丙	土 戊 己 / 己 戊	金 庚 辛 / 辛 庚	水 壬 癸 / 癸 壬	木 甲 乙 / 乙 甲
戊 (土) 己	土 戊 己 / 己 戊	金 庚 辛 / 辛 庚	水 壬 癸 / 癸 壬	木 甲 乙 / 乙 甲	火 丙 丁 / 丁 丙
庚 (金) 辛	金 庚 辛 / 辛 庚	水 壬 癸 / 癸 壬	木 甲 乙 / 乙 甲	火 丙 丁 / 丁 丙	土 戊 己 / 己 戊
壬 (水) 癸	水 壬 癸 / 癸 壬	木 甲 乙 / 乙 甲	火 丙 丁 / 丁 丙	土 戊 己 / 己 戊	金 庚 辛 / 辛 庚

陽(양)은 천간의 순서대로 적어 내린다. 가로세로 첫줄은 甲乙丙丁戊己庚辛壬癸의 순서대로 적은 후 칸을 적어 내려간다.

13 지지 육친(六親) 조견표

육친명칭 태어난 날의 천간	비견	겁재	식신	상관	편재	정재	편관	정관	편인	정인
甲일	寅	卯	巳	午	辰戌	丑未	申	酉	亥	子
乙일	卯	寅	午	巳	丑未	辰戌	酉	申	子	亥
丙일	巳	午	辰戌	丑未	申	酉	亥	子	寅	卯
丁일	午	巳	丑未	辰戌	酉	申	子	亥	卯	寅
戊일	辰戌	丑未	申	酉	亥	子	寅	卯	巳	午
己일	丑未	辰戌	酉	申	子	亥	卯	寅	午	巳
庚일	申	酉	亥	子	寅	卯	巳	午	辰戌	丑未
辛일	酉	申	子	亥	卯	寅	午	巳	丑未	辰戌
壬일	亥	子	寅	卯	巳	午	辰戌	丑未	申	酉
癸일	子	亥	卯	寅	午	巳	丑未	辰戌	酉	申

지지 육친 조견표 만드는 방법

육친명칭 / 태어난 날의 천간	비견　겁재	식신　상관	편재　정재	편관　정관	편인　정인
甲 乙 (木)	木 寅　卯 卯　寅	火 巳　午 午　巳	土 辰戌　丑未 丑未　辰戌	金 申　酉 酉　申	水 亥　子 子　亥
丙 丁 (火)	火 巳　午 午　巳	土 辰戌　丑未 丑未　辰戌	金 申　酉 酉　申	水 亥　子 子　亥	木 寅　卯 卯　寅
戊 己 (土)	土 辰戌　丑未 丑未　辰戌	金 申　酉 酉　申	水 亥　子 子　亥	木 寅　卯 卯　寅	火 巳　午 午　巳
庚 辛 (金)	金 申　酉 酉　申	水 亥　子 子　亥	木 寅　卯 卯　寅	火 巳　午 午　巳	土 辰戌　丑未 丑未　辰戌
壬 癸 (水)	水 亥　子 子　亥	木 寅　卯 卯　寅	火 巳　午 午　巳	土 辰戌　丑未 丑未　辰戌	金 申　酉 酉　申

14 육친(六親)의 응용

나와 오행이 같고   음양이 ┌ 같으면 → 비견
                         └ 다르면 → 겁재

내가 생하고   음양이 ┌ 같으면 → 식신
                         └ 다르면 → 상관

내가 극하고   음양이 ┌ 같으면 → 편재
                         └ 다르면 → 정재

나를 생하고   음양이 ┌ 같으면 → 편인
                         └ 다르면 → 정인

나를 극하고   음양이 ┌ 같으면 → 편관
                         └ 다르면 → 정관

육친(六親)

	공통	남	여
비견	형제, 동료, 친구		
겁재	이복형제, 동서간	며느리	시아버지
식신	할머니	장모, 손자, 손녀	아들
상관	할머니	손자, 손녀	딸
편재	아버지	첩, 애인	시어머니
정재		본처	정당한 재물
편관		아들	정부, 애인
정관		딸	본남편
편인	새어머니		
정인	어머니		

[참고] 책에 따라 겁재를 비겁이라 쓰기도 하고, 정인을 인수라 쓰기도 한다.

1. 비견(比肩)

(1) 한자 풀이

比 : 견줄(비), 나란히 할(비)

肩 : 어깨(견)

比肩 : 어깨를 나란히 한다. 우열의 관계없이 비등함

(2) 나와 어깨를 나란히 한다는 뜻으로 친구나 동료, 형제 등이 이에 속한다.

비견이 있으면 추진력이 좋고 배짱이 두둑하며 자신감이 강하다.

왜냐하면 나와 어깨를 나란히 하는 동료나 친구, 형제가 있어 마음이 든든해지기 때문이다.

친구나 동료는 나에게 있어 외부로부터 공격이 들어오면 이를 막아주지만 먹여주고 재워주고 용돈도 나누어 쓰다보면 내 재물이 줄어든다.

그래서 비견은 내 재물을 빼앗아 가는 흉신으로 보고 있다.

비견이 많으면 이혼을 할 가능성이 높아진다.

(3) 나와 오행이 같다에서 나는 태어난 날의 천간에 해당된다.

나와 오행이 같고 음양이 같으면 비견이 된다.

2. 겁재(劫財)

(1) 한자 풀이

劫 : 겁탈할(겁), 빼앗을(겁), 위협할(겁)

財 : 재물(재)

(2) 겁재 또한 비견과 더불어 내 재물을 빼앗아 가는 흉신이다.

내 의사와는 전혀 관계없이 강제로 내 것을 빼앗아 가는 것을 뜻한다.

겁재는 남자에게는 며느리, 여자에게는 시아버지를 뜻한다.

남녀 모두 공통으로 이복형제, 동서간을 뜻한다.

겁재가 2개 이상이 되면 성품이 급하며 예의가 없이 오만불손한 사람이다. 한자의 뜻과 같이 재물을 빼앗아 가는 흉신이므로 재물을 가지고 있는 것을 못 보아 자꾸 돈을 쓰게 만든다.

(3) 나와 오행이 같고 음양이 다르면 겁재가 된다.

태어난 날의 천간이 나에 해당된다.

3. 식신(食神)

(1) 한자 풀이

食 : 밥(식), 먹을(식)

神 : 귀신(신), 정신(신)

(2) 의식주를 걱정하지 않아도 되는 복을 주는 복신이다.

먹을 복이 있고 활동력이 강하다.

부지런히 일하고 매사에 능동적이며 자기 표현 능력도 뛰어나다.

식신은 남자에게는 장모, 손자, 손녀를 의미하고 여자에게는 아들을 의미한다.

(3) 내가 생하고 음양이 같으면 식신에 해당한다.

태어난 날의 천간이 나에 해당된다.

4. 상관(傷官)

(1) 한자 풀이

傷 : 상할(상), 해칠(상), 근심할(상)

官 : 벼슬(관)

(2) 여자가 상관이 많으면 남편을 상하게 할 수 있다.

남자가 상관이 많으면 자식을 상하게 할 수 있다.

상관이 있으면 예술과 학문에 소질이 있고 머리도 영리한 사람이다.

상관이 2~3개가 있으면 자식과 인연이 없고 결혼운도 없다.

남자에게 있어 상관은 손자, 손녀이고 여자에게는 딸을 의미한다.

(3) 내가 생하고 음양이 다르면 상관에 해당된다.

태어난 날의 천간이 나에 해당된다.

5. 편재(偏財)

(1) 한자 풀이

偏 : 치우칠(편), 기울(편)

財 : 재물(재)

(2) 편재는 큰돈이다.

사업을 할 때 큰돈이 들락날락하는 형상이다.

재물을 만들어 내는 귀중한 신이며 편재는 내 것이 아닌 남의 것을 뜻한다.

성격은 융통성이 있고 도박을 좋아한다.

편재는 남녀 모두 아버지에 해당되고 남자에게는 애인, 첩을 의미하고, 여자에게는 시어머니를 뜻한다.

편재가 있으면 큰돈도 만질 수 있지만 애인이나 첩처럼 여자도 따라붙게 된다.

(3) 내가 극하고 음양이 같으면 편재이다.

태어난 날의 천간이 나에 해당된다.

6. 정재(正財)

(1) 한자 풀이

正 : 바를(정)

財 : 재물(재)

(2) 정재는 작은 돈이다.

　　직장인들이 매달 받는 월급이다.

　　정직하게 번 돈으로 순수히 내 것을 의미한다.

　　성격은 보수적인 성향이 짙고 융통성이 결여되어 있다.

　　정재는 남자에게 있어서는 본처를 의미하고 여자에게 있어서는 정당하게
　　번 작은 돈을 의미한다.

(3) 내가 극하고 음양이 다르면 정재에 해당된다.

　　태어난 날의 천간이 나에 해당된다.

7. 편인(偏印)

(1) 한자 풀이

　　偏 : 치우칠(편), 기울(편)

　　印 : 도장(인)

(2) 계모, 서모 즉 새어머니를 의미한다.

　　새어머니 밑에서 먹는 눈치 밥도 의미한다.

　　편인은 식신을 극한다.

　　정인이 사주 중에 없으면 편인이 이를 대신하기도 한다.

　　사주 중에 편인이나 정인이 많으면 어머니가 많다는 뜻이 된다.

　　이 때는 의지가 약하고 매사에 용두사미격이 된다.

　　돌봐주는 이가 많으니 나태하고 나약해지기 때문이다.

(3) 나를 생하고 음양이 같으면 편인이 된다.

　　태어난 날의 천간이 나에 해당된다.

8. 정인(正印)

(1) 한자 풀이

正 : 바를(정)

印 : 도장(인)

(2) 정인(正印) 또는 인수(印綬)라고도 한다.

정인은 친어머니를 뜻한다.

어머니의 도움을 받아 공부도 하게 되고 자격증도 취득하게 된다.

그래서 정인은 어머니, 자격증, 공부를 의미하게 된다.

성품은 온화하고 자애롭고 인자하다.

의리 또한 강한면이 있다.

남녀 모두 공통으로 어머니에 해당한다.

(3) 나를 생하고 음양이 다르면 정인이 된다.

태어난 날의 천간이 나에 해당된다.

9. 편관(偏官)

(1) 한자 풀이

偏 : 치우칠(편), 기울(편)

官 : 벼슬(관)

(2) 성품이 강직하고 성급하며 우두머리의 기질이 있다.

남자에게는 아들이 되고 여자에게는 정부, 애인이 된다.

직업적으로 경찰관, 의사, 검사 등에 종사하는 경향이 많다.

상관은 편관을 剋(극)한다.

(3) 나를 극하고 음양이 같으면 편관이 된다.

태어난 날의 천간이 나에 해당된다.

10. 정관(正官)

(1) 한자 풀이

正 : 바를(정)

官 : 벼슬(관)

(2) 용모가 아름답고, 성실하며 매사 조화에 힘쓰고 웃어른을 잘 공경한다.

남자에게는 딸이 되고 여자에게는 본남편이 된다.

정관은 정인(인수)과 같이 있는 것이 좋다.

(3) 나를 극하고 음양이 다르면 정관이 된다.

태어난 날의 천간이 나에 해당된다.

15 천간합(天干合)

(1) 천간합이란?

천간이 서로 화합하여 하나로 묶인다는 뜻이다.

(2) 천간합은 5개가 있다.

①甲己(갑기)

②乙庚(을경)

③丙辛(병신)

④丁壬(정임)

⑤戊癸(무계)

(3) 풀이

①甲己(갑기)

甲(木) + 己(土) = 土

갑목과 기토가 만나서 합을 이루니 오행 土(토)로 바뀌었다.

기름지고 비옥한 땅(己)에서 큰 나무(甲)가 잘 자라듯이 사람의 성품 또한 마음이 크고 넓으며 이해심이 많다.

②乙庚(을경)

乙(木) + 庚(金) = 金

을목과 경금이 만나서 합을 이루니 오행 금(金)으로 바뀌었다.

바위(庚)틈에서 자라나는 새싹(乙)을 생각해보자.

금극목이 될 수 있지만 음양의 조화로 서로 합이 되었다.

③丙辛(병신)

丙(火) + 辛(金) = 水

병화와 신금이 만나서 합을 이루니 오행 水(수)로 바뀌었다.

태양(丙)이 보석(辛)을 비추니 그 아름다움이 더한다.

④丁壬(정임)

丁(火) + 壬(水) = 木

정화와 임수가 만나서 합을 이루니 오행 木(목)으로 바뀌었다.

큰바다(壬)에 촛불(丁)을 싣고 떠다니는 종이배를 생각해 보자.

⑤戊癸(무계)

戊(土) + 癸(水) = 火

무토와 계수가 만나서 합을 이루니 오행 火(화)로 바뀌었다.

큰산(戊)에서 흘러나오는 맑은 시냇물(癸)을 생각해 보자.

16 천간충(天干沖)

(1) 충이란?

　　충이 된다함은 서로가 충돌하여 반목하고 이탈, 파괴한다는 뜻이다.

　　충에는 천간충과 지지충이 있다.

　　천간충은 천간의 배열에서 7번째 천간끼리 충이 된다.

　　지지충도 지지의 배열에서 7번째 지지끼리 충이 된다.

(2) 천간충은 4개가 있다.

　　① 甲庚(갑경)

　　② 乙辛(을신)

　　③ 丙壬(병임)

　　④ 丁癸(정계)

(3) 풀이

　　① 甲庚(갑경)

　　甲(木) + 庚(金)

　　큰 나무(甲)를 도끼(庚)가 베어버리는 형상이다.

　　② 乙辛(을신)

　　乙(木) + 辛(金)

　　새싹(乙)이 올라오는 것을 칼(辛)로 베어버리는 형상이다.

③丙壬(병임)

丙(火) + 壬(水)

큰 불(丙)을 큰 물(壬)로 꺼버리는 형상이다.

④丁癸(정계)

丁(火) + 癸(水)

작은 불(丁)을 작은 물(癸)로 꺼버리는 형상이다.

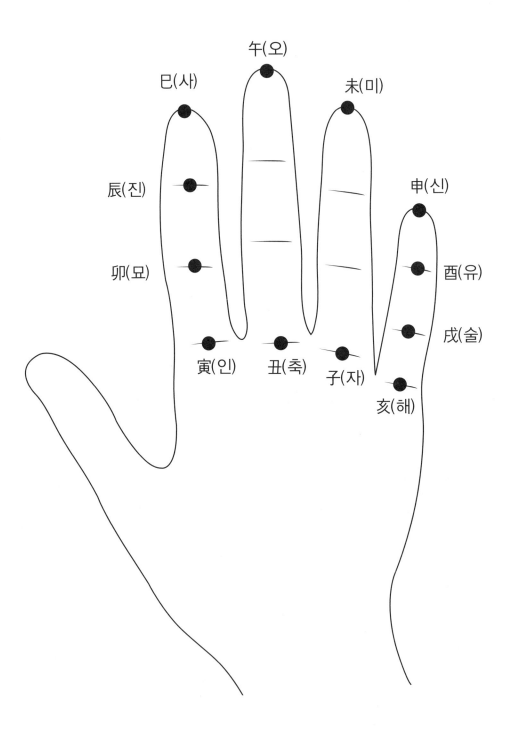

〈왼손 그림〉

午(오)

巳(사)

未(미)

辰(진)

申(신)

卯(묘)

酉(유)

戌(술)

寅(인)   丑(축)   子(자)

亥(해)

17 육합(六合)

(1) 육합(六合)

(2) 육합의 종류

　①寅亥(인해)

　②辰酉(진유)

　③午未(오미)

　④丑子(축자)

　⑤卯戌(묘술)

　⑥巳申(사신)

상합(相合)은 생합(生合)과 극합(剋合)으로 나뉜다.

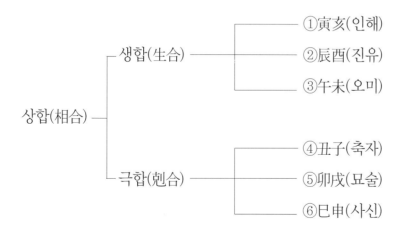

(3) 풀이

①상합(相合)

서로 합이 된다는 뜻이다.

②생합(生合)

서로 살려주는 합이다. 길하고 좋은 합이 된다.

寅亥에서 寅은 木이고 亥는 水이다(水生木이 되어서 生해준다).

辰酉에서 辰은 土이고 酉는 金이다(土生金이 되어서 生해준다).

午未에서 午는 火이고 未는 土이다(火生土가 되어서 生해준다).

③극합(剋合)

서로 이기고 제압하는 합이다. 흉하게 작용되는 합이다.

丑子에서 丑은 土이고 子는 水이다(土剋水해서 剋이 된다).

卯戌에서 卯는 木이고 戌은 土이다(木剋土해서 剋이 된다).

巳申에서 巳는 火이고 申은 金이다(火剋金해서 剋이 된다).

육합(六合)의 그림

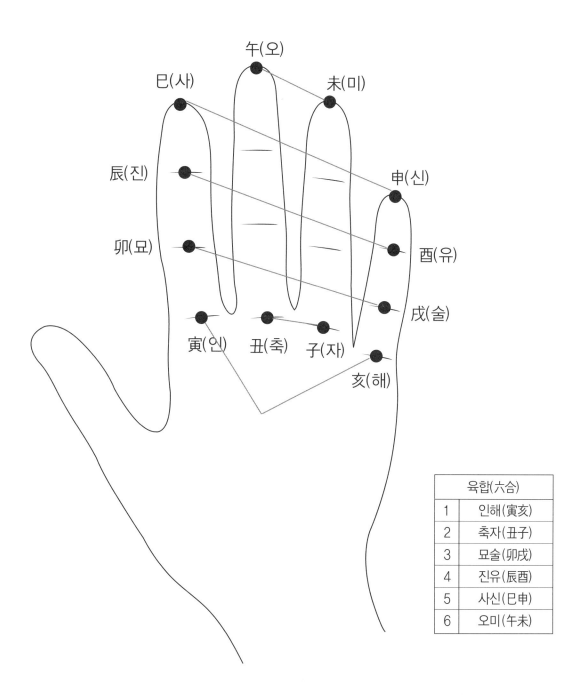

육합(六合)	
1	인해(寅亥)
2	축자(丑子)
3	묘술(卯戌)
4	진유(辰酉)
5	사신(巳申)
6	오미(午未)

육합(六合) 중에서 생합(生合) 3개

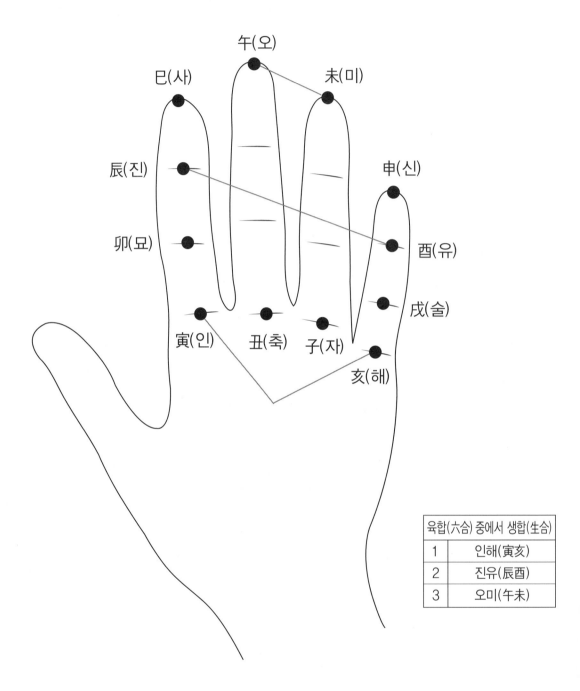

육합(六合) 중에서 생합(生合)		
1	인해(寅亥)	
2	진유(辰酉)	
3	오미(午未)	

육합(六合) 중에서 극합(尅合) 3개

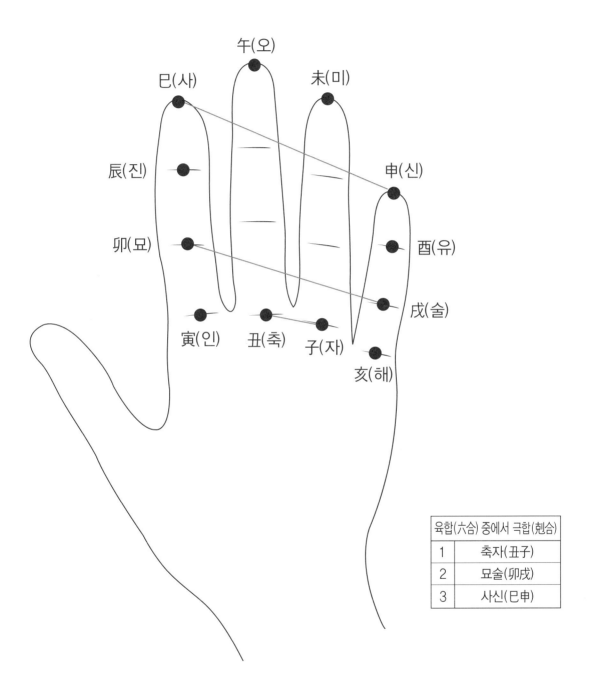

육합(六合) 중에서 극합(尅合)	
1	축자(丑子)
2	묘술(卯戌)
3	사신(巳申)

18 삼합(三合)

(1) 삼합의 종류

　①午寅戌(오인술)

　②卯亥未(묘해미)

　③子辰申(자진신)

　④酉巳丑(유사축)

(2) 풀이

　①午寅戌(오인술)

　말(午), 호랑이(寅), 개(戌)

　세 개가 모여도 삼합이 되지만 두 개만 모여도 삼합이 된다.

　(午寅戌, 午寅, 午戌, 寅戌)

　②卯亥未(묘해미)

　토끼(卯), 돼지(亥), 양(未)

　세 개가 모여도 삼합이 되지만 두 개만 모여도 삼합이 된다.

　(卯亥未, 卯亥, 卯未, 亥未)

　③子辰申(자진신)

　쥐(子), 용(辰), 원숭이(申)

　세 개가 모여도 삼합이 되지만 두 개가 모여도 삼합이 된다.

　(子辰申, 子辰, 子申, 辰申)

　④酉巳丑(유사축)

닭(酉), 뱀(巳), 소(丑)

세 개가 모여도 삼합이 되지만 두 개가 모여도 삼합이 된다.

(酉巳丑, 酉巳, 酉丑, 巳丑)

지지삼합(地支三合) 중에서 오인술(午寅戌)

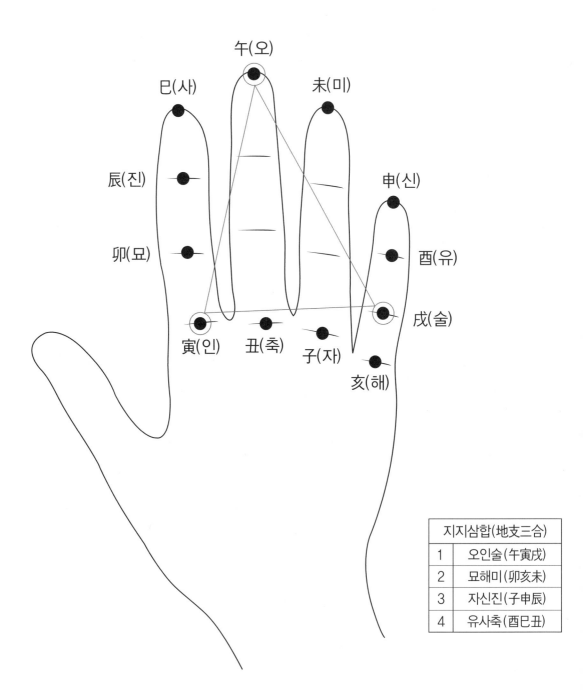

지지삼합(地支三合)	
1	오인술(午寅戌)
2	묘해미(卯亥未)
3	자신진(子申辰)
4	유사축(酉巳丑)

지지삼합(地支三合) 중에서 묘해미(卯亥未)

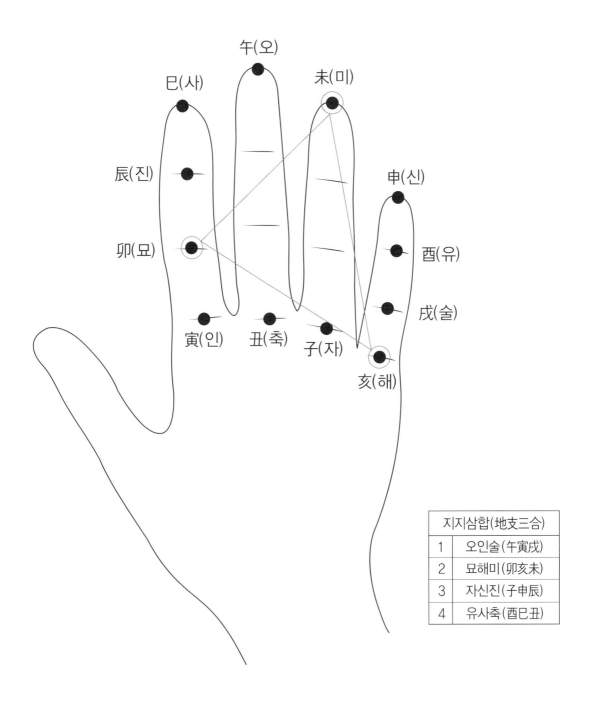

지지삼합(地支三合)	
1	오인술(午寅戌)
2	묘해미(卯亥未)
3	자신진(子申辰)
4	유사축(酉巳丑)

지지삼합(地支三合) 중에서 자신진(子申辰)

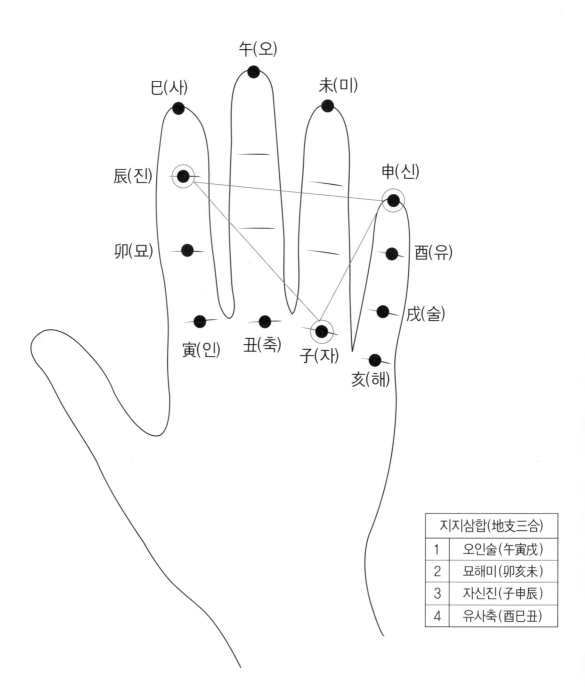

지지삼합(地支三合)	
1	오인술(午寅戌)
2	묘해미(卯亥未)
3	자신진(子申辰)
4	유사축(酉巳丑)

지지삼합(地支三合) 중에서 유사축(酉巳丑)

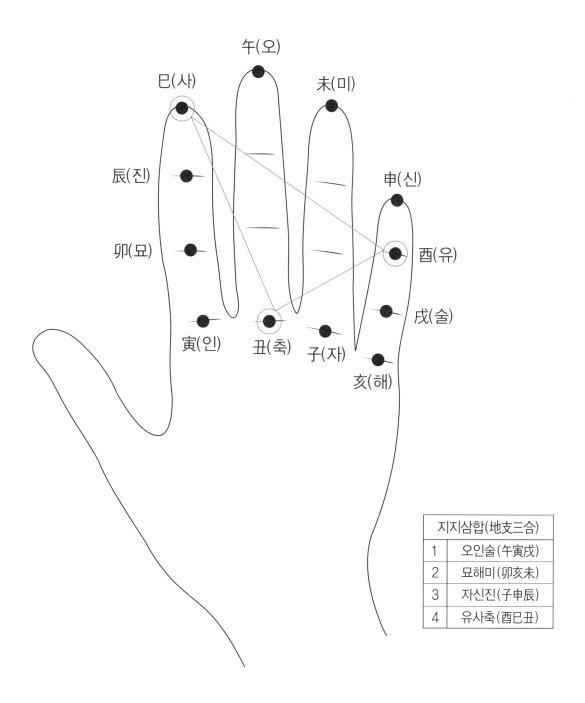

지지삼합(地支三合)	
1	오인술(午寅戌)
2	묘해미(卯亥未)
3	자신진(子申辰)
4	유사축(酉巳丑)

19 지지방합(地支方合)

(1) 방합의 뜻

방향이 같다. 즉 동서남북을 향하는 지지들의 합을 말한다.

방합을 계절합(季節合)이라고 한다. 동서남북의 방향에 따라 각 방향의 계절에 소속되어 있는 지지들의 합을 말한다.

(2) 방합의 종류

①寅卯辰(인묘진)

②巳午未(사오미)

③申酉戌(신유술)

④亥子丑(해자축)

(3) 풀이

①寅卯辰(인묘진)

寅(木), 卯(木), 辰(土)이다.

여기에서 寅卯는 오행상 木이고 방향은 동쪽이고 계절로는 봄이다.

辰(土)는 봄에서 여름으로 넘어가는 계절과 계절 사이에서 중간자적 역할을 하고 있다.

辰(土)는 봄의 땅으로서 적당한 습기와 따뜻한 기운을 가지고 있어 새싹을 기르기에 적합한 땅이 된다.

②巳午未(사오미)

巳(火), 午(火), 未(土)이다.

여기에서 巳午는 오행상 火이고, 방향은 남쪽이고, 계절로는 여름이다.

未(土)는 여름에서 가을로 넘어가는 시기에 계절과 계절 사이에서 중간자적 역할을 하고 있다.

未(土)는 여름의 땅으로서 한여름 뜨거운 태양의 빛을 받아 땅이 뜨거워져 있다.

③申酉戌(신유술)

申(金), 酉(金), 戌(土)이다.

여기에서 申酉는 오행상 金이고 방향은 서쪽이며 계절로는 가을이다.

戌(土)는 가을에서 겨울로 넘어가는 시기에 계절과 계절의 사이에서 중간자적 역할을 하고 있다.

戌(土)는 가을의 땅으로서 추수를 끝낸 후의 땅이다.

④亥子丑(해자축)

亥(水), 子(水), 丑(土)이다.

여기에서 亥子는 오행상 水이고, 방향은 북쪽이고, 계절로는 겨울이다.

丑(土)는 겨울에서 봄으로 넘어가는 시기에 계절과 계절의 사이에서 중간자적 역할을 하고 있다.

丑(土)는 겨울의 땅으로서 추위로 인해 땅이 꽁꽁 얼어있어 식물을 성장시키기에 부적합한 땅이다.

지지방합(地支方合)의 그림

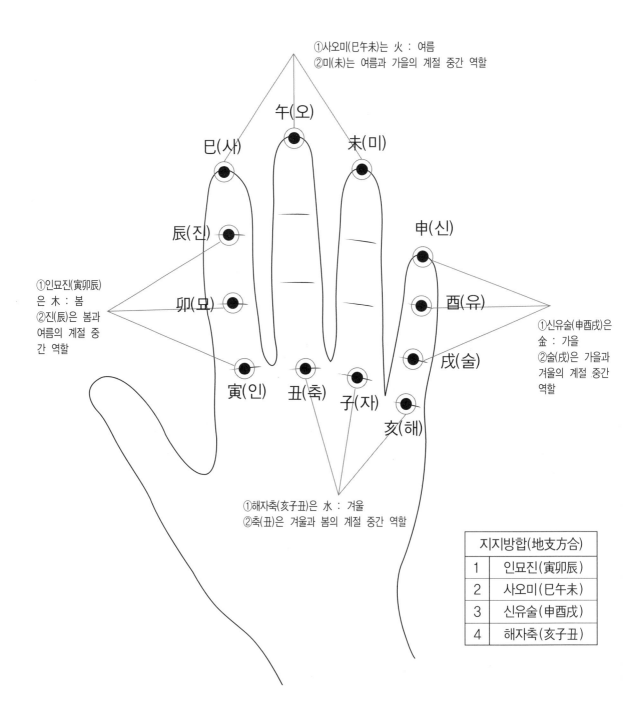

①사오미(巳午未)는 火 : 여름
②미(未)는 여름과 가을의 계절 중간 역할

午(오)

巳(사)　　　未(미)

辰(진)　　　　　　　申(신)

①인묘진(寅卯辰)
은 木 : 봄
②진(辰)은 봄과　　卯(묘)　　　　酉(유)
여름의 계절 중
간 역할

①신유술(申酉戌)은
金 : 가을
②술(戌)은 가을과
겨울의 계절 중간
역할

寅(인)　丑(축)　子(자)　戌(술)

亥(해)

①해자축(亥子丑)은 水 : 겨울
②축(丑)은 겨울과 봄의 계절 중간 역할

지지방합(地支方合)	
1	인묘진(寅卯辰)
2	사오미(巳午未)
3	신유술(申酉戌)
4	해자축(亥子丑)

남쪽(南), 화(火), 여름(夏)

巳 . 午

동쪽(東), 목(木), 봄(春)

寅 . 卯

중앙(中央)에 위치 토(土), 계절을 조절하는 중간자적 역할 辰 戌 丑 未

서쪽(西), 금(金), 가을(秋)

申 . 酉

북쪽(北), 수(水), 겨울(冬)

亥 . 子

21 자형살(自刑殺)

(1) 자형살의 종류

　　①辰辰(진진)

　　②午午(오오)

　　③酉酉(유유)

　　④亥亥(해해)

(2) 풀이

　　①辰辰(진진)

　　辰(土) 辰(土)로서 土가 겹쳐 쌓이니 매몰, 붕괴 등을 조심해야 한다.

　　②午午(오오)

　　午(火) 午(火)로서 火가 겹쳐 타오르니 화재, 폭발 등을 조심해야 한다.

　　③酉酉(유유)

　　酉(金) 酉(金)으로서 金이 겹쳐 작용한다.

　　金은 작은 칼날로서 작용하니 수술, 상해, 사고를 조심해야 한다.

　　④亥亥(해해)

　　亥(水) 亥(水)로서 水가 겹쳐오니 큰물로 인한 자연재해를 조심해야 한다.

(3) 자형살(自刑殺)의 공통점

　　독립심이 부족하며 의존심이 많고 항시 우울한 마음이 있다.

　　자연재해를 조심하여야 한다.

자형살(自刑殺)의 그림

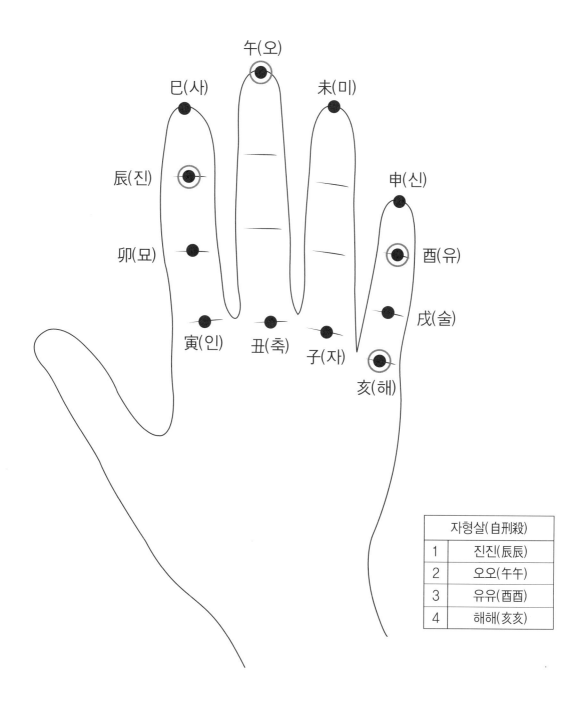

자형살(自刑殺)	
1	진진(辰辰)
2	오오(午午)
3	유유(酉酉)
4	해해(亥亥)

22 상형살(相刑殺)

(1) 상형살의 종류

　　①子卯(자묘)

(2) 풀이

　　①子卯(자묘)

子(水) 卯(木)하여 水生木하고 있는데 刑이 와서 형벌을 가하니 상생의 관계가 끊어져 버렸다.

염치가 없고 수치를 몰라 불륜을 저지르기 쉽다.

상형살(相刑殺)의 그림

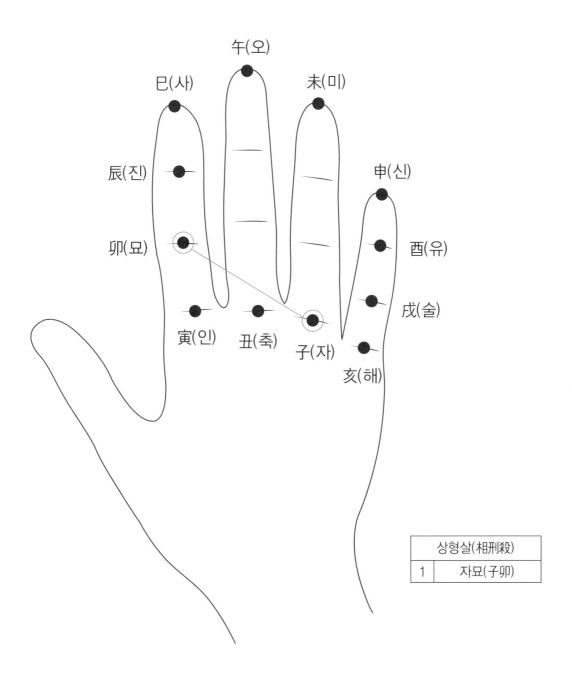

상형살(相刑殺)	
1	자묘(子卯)

23 삼형살(三刑殺)

(1) 삼형살의 종류

    ① 寅巳申(인사신)

    ② 丑戌未(축술미)

(2) 풀이

    ① 寅巳申(인사신)

    호랑이(寅), 뱀(巳), 원숭이(申)

    세 개가 모여도 삼형살이 되지만 두 개만 모여도 삼형살이 된다.

    (寅巳申, 寅巳, 寅申, 巳申)

    사람을 잘 이용해 실속을 차리고 은혜를 원수로 갚는 성향이 강한 살이다.

    성격은 급하고 냉정하다.

    ② 丑戌未(축술미)

    소(丑), 개(戌), 양(未)

    세 개가 모여도 삼형살이 되지만 두 개만 모여도 삼형살이 된다.

    (丑戌未, 丑戌, 丑未, 戌未)

    남이 나를 배신할 수도 있고 내가 남을 배신하기도 한다.

    고집이 세며 욕심이 많고 자기능력을 과신한다.

    성격이 계산적이고 비굴하며 교활한 경향이 많다.

    특징으로는 배신과 불신이 항시 따라다닌다.

삼형살(三刑殺) 중에서 인사신(寅巳申)

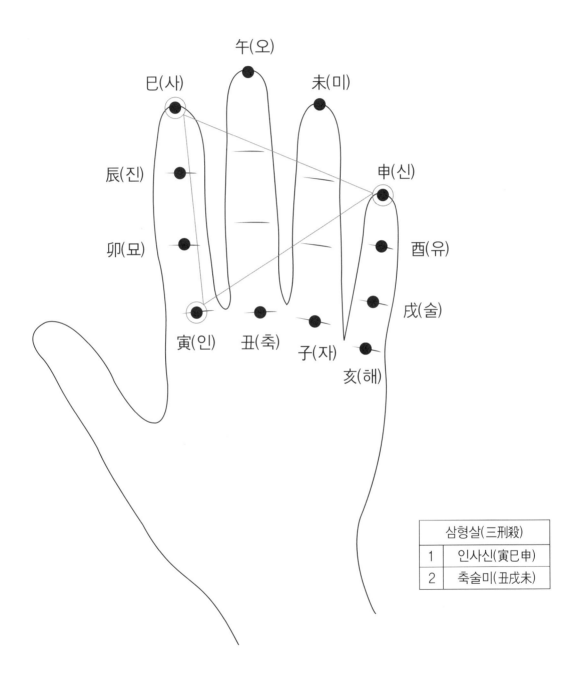

삼형살(三刑殺)	
1	인사신(寅巳申)
2	축술미(丑戌未)

삼형살(三刑殺) 중에서 축술미(丑戌未)

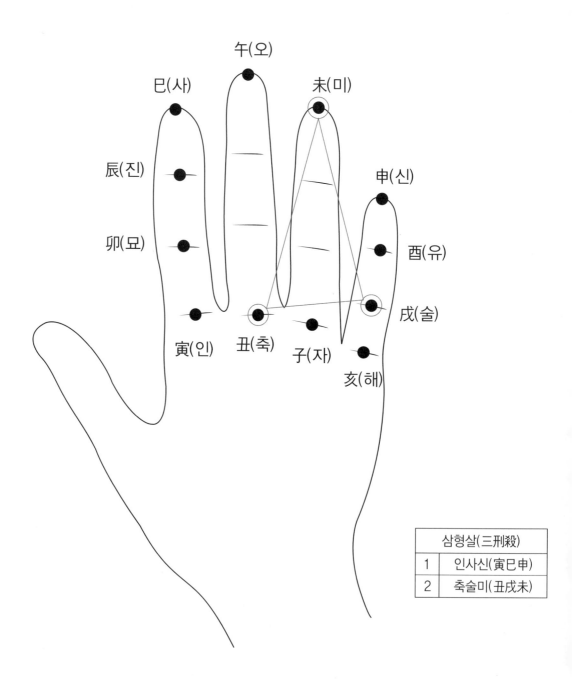

삼형살(三刑殺)	
1	인사신(寅巳申)
2	축술미(丑戌未)

24 상충(相沖)

(1) 상충의 뜻

충이 된다함은 서로가 충돌하고 반목하여 이탈, 파괴한다는 뜻이다.

충에는 천간충과 지지충이 있다.

천간의 충은 천간의 배열에서 7번째 천간끼리 충이 된다.

지지의 충은 지지의 배열에서 7번째 지지끼리 충이 된다.

지지의 충은 뿌리에 해당되는 충이므로 그 영향력이 천간충보다 강하게 나타난다.

(2) 상충의 종류

①巳亥(사해)

②辰戌(진술)

③卯酉(묘유)

④寅申(인신)

⑤丑未(축미)

⑥子午(자오)

상충(相沖)의 그림

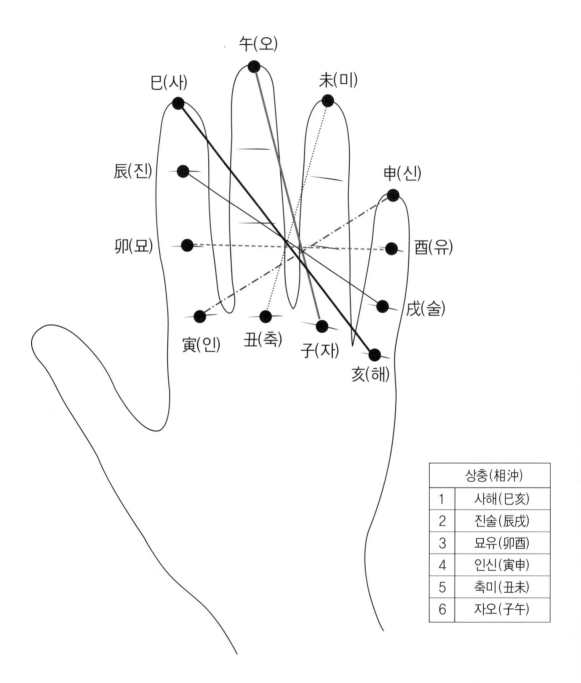

상충(相沖)	
1	사해(巳亥)
2	진술(辰戌)
3	묘유(卯酉)
4	인신(寅申)
5	축미(丑未)
6	자오(子午)

25 육해살(六害殺)

(1) 육해살의 뜻

　　인간관계에 있어서 화합을 방해하며 질병의 발생, 일의 지연, 어렵고 난처한

　　일이 발생한다.

(2) 육해살의 종류

　　①寅巳(인사)

　　②卯辰(묘진)

　　③丑午(축오)

　　④子未(자미)

　　⑤亥申(해신)

　　⑥戌酉(술유)

육해살(六害殺)의 그림

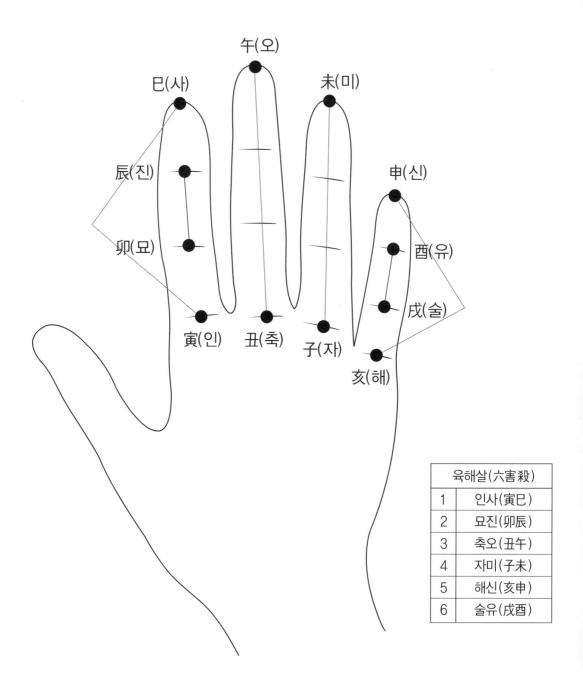

육해살(六害殺)	
1	인사(寅巳)
2	묘진(卯辰)
3	축오(丑午)
4	자미(子未)
5	해신(亥申)
6	술유(戌酉)

26 원진살(怨嗔殺)

(1) 원진살의 종류

　　①子未(자미)

　　②丑午(축오)

　　③寅酉(인유)

　　④卯申(묘신)

　　⑤辰亥(진해)

　　⑥巳戌(사술)

(2) 풀이

　　①子未(자미)

　　쥐(子), 양(未)

　　자기 잘난 척을 잘한다.

　　②丑午(축오)

　　소(丑), 말(午)

　　신경이 예민한 관계로 정신병이나 신경질환에 시달린다.

　　외양간에 소와 말을 같이 기르니 열심히 일하고 돌아온 소는 일도 안하고

　　경치만 즐기고 놀다온 말이 예뻐 보일 수 없다.

　　서로 미워하고 배척하니 신경이 예민해질 수밖에 없다.

　　③寅酉(인유)

　　호랑이(寅), 닭(酉)

성품이 능글능글하다.

호랑이는 새벽 첫닭울음에 활동을 접고 다시 깊은 산 속으로 들어가야 하니 호랑이는 닭이 밉다.

④卯申(묘신)

토끼(卯), 원숭이(申)

잘난 척이 심하다.

토끼의 빨간 눈이 원숭이의 빨간 엉덩이와 닮아서 토끼는 원숭이를 싫어한다.

⑤辰亥(진해)

용(辰), 돼지(亥)

자손을 얻기 힘들다.

용의 코와 돼지의 코가 비슷하게 생겼다. 돼지는 용을 싫어하지 않지만 용은 돼지의 코를 닮았다는 것이 싫다.

⑥巳戌(사술)

뱀(巳), 개(戌)

자손을 얻기 힘들다.

개가 짖는 곳에는 뱀을 찾아보기 힘들다.

뱀은 개의 쇳소리와 같은 금속성이 강한 소리에 근접을 못하고 도망친다.

(3)특징

①원진살이 있으면 항시 마음이 우울하다.

②심하면 자살충동을 느낄 수도 있고 의부증·의처증으로 발전하기도 한다.

③원진살이 있는 사람은 마음을 잘 다스리도록 하자.

④원진살(怨嗔殺)에서 怨은 원망할(원), 미워할(원), 嗔은 성낼(진)이다.

한자의 뜻처럼 원망하고 미워하며 불평, 불만이 많고 화를 잘 내는 것이 특징이다.

원진살(怨嗔殺)의 그림

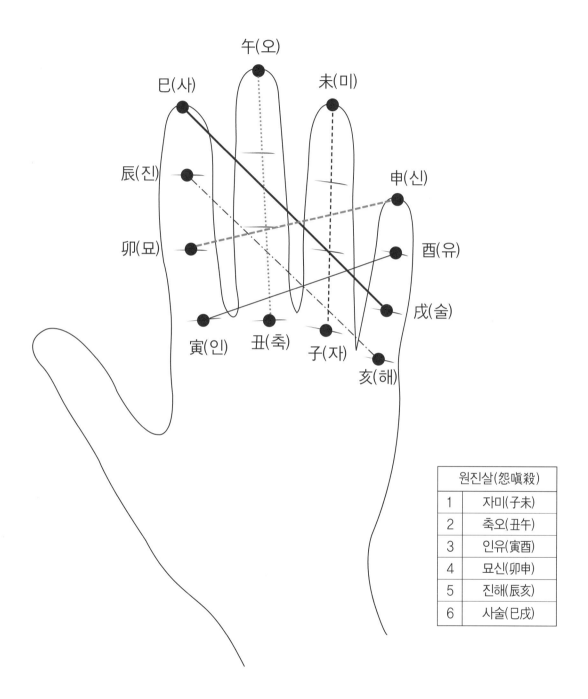

원진살(怨嗔殺)	
1	자미(子未)
2	축오(丑午)
3	인유(寅酉)
4	묘신(卯申)
5	진해(辰亥)
6	사술(巳戌)

27 육파살(六破殺)

(1) 육파살의 뜻

破(파)란 깨뜨리고 부순다는 뜻이다.

일, 이성관계, 인간관계, 계획했던 일의 진행에 있어 차질이 생기는 살(殺)
이다.

(2) 육파살의 종류

①巳申(사신)

②寅亥(인해)

③卯午(묘오)

④辰丑(진축)

⑤子酉(자유)

⑥戌未(술미)

육파살(六破殺)의 그림

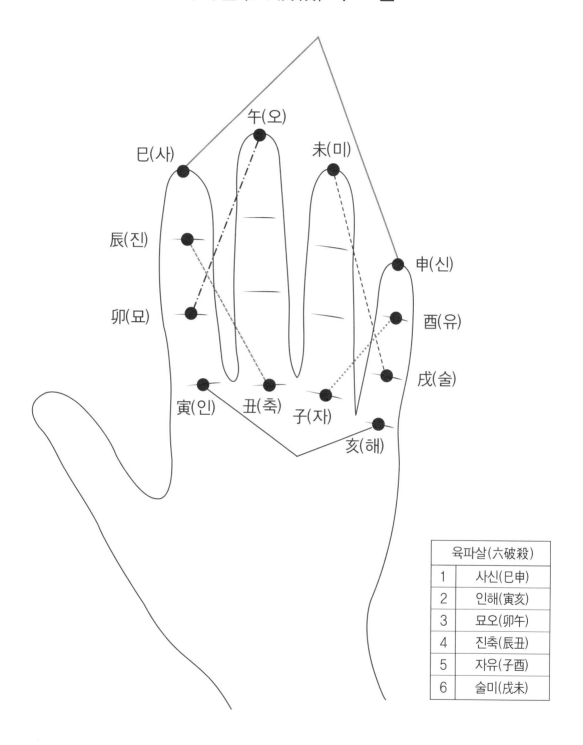

육파살(六破殺)	
1	사신(巳申)
2	인해(寅亥)
3	묘오(卯午)
4	진축(辰丑)
5	자유(子酉)
6	술미(戌未)

	상형살	자형살	상충	원진살	육합	육해살	육파살
亥		亥					
戌							
酉		酉				戌	
申						亥	
未							戌
午		午			未		
巳			亥	戌	申		申
辰		辰	戌	亥	酉		
卯			酉	申	戌	辰	午
寅			申	酉	亥	巳	亥
丑			未	午		午	辰
子	卯		午	未	丑	未	酉

28 삼재(三災)

삼재란?

돈, 건강, 명예에 재앙이 든다.

각각의 띠마다 3년에 걸쳐 삼재가 머무르게 된다.

1 쥐띠(子)	寅卯辰年	호랑이, 토끼, 용의 년도
2 소띠(丑)	亥子丑年	돼지, 쥐, 소의 년도
3 호랑이띠(寅)	申酉戌年	원숭이, 닭, 개의 년도
4 토끼띠(卯)	巳午未年	뱀, 말, 양의 년도
5 용띠(辰)	寅卯辰年	호랑이, 토끼, 용의 년도
6 뱀띠(巳)	亥子丑年	돼지, 쥐, 소의 년도
7 말띠(午)	申酉戌年	원숭이, 닭, 개의 년도
8 양띠(未)	巳午未年	뱀, 말, 양의 년도
9 원숭이띠(申)	寅卯辰年	호랑이, 토끼, 용의 년도
10 닭띠(酉)	亥子丑年	돼지, 쥐, 소의 년도
11 개띠(戌)	申酉戌年	원숭이, 닭, 개의 년도
12 돼지띠(亥)	巳午未年	뱀, 말, 양의 년도

29 십이운성(十二運星)

(1) 십이운성의 뜻

　　인간 생로병사의 인생행로와 같다. 십이운성으로 선천적 후천적 환경을 알
수 있다. 사주로 본인의 복덕의 유무와 운세의 강약을 추정할 수 있다.

(2) 십이운성의 종류

　　①절(絕)

　　②태(胎)

　　③양(養)

　　④장생(長生)

　　⑤목욕(沐浴)

　　⑥관대(冠帶)

　　⑦건록(建祿)

　　⑧제왕(帝旺)

　　⑨쇠(衰)

　　⑩병(病)

　　⑪사(死)

　　⑫묘(墓)

(3) 풀이

　　①절(絕)

　　한자의 뜻 : 끊을(절)

어머니의 자궁에 생명체를 받아들이기 전의 상태다.

②태(胎)

한자의 뜻 : 아이 밸(태)

어머니의 자궁에 아이가 잉태된 상태다.

③양(養)

한자의 뜻 : 기를(양), 봉양할(양)

어머니 뱃속에서 자라나는 과정이다.

④장생(長生)

한자의 뜻 : 길(장), 어른(장) / 날(생)

어머니의 뱃속에서 세상으로 나온 상태다.

매사 의욕이 강하다.

⑤목욕(沐浴)

한자의 뜻 : 머리감을(목) / 목욕(욕)

세상에 나와 몸에 묻은 오물을 씻는 상태다.

성품이 변덕스럽고 직업에 변화가 많이 있으며 이성으로 인한 고난이
따를 수 있다.

⑥관대(冠帶)

한자의 뜻 : 갓(관), 어른 될(관) / 띠(대)

아이가 자라서 사회규범을 익히고 학업을 성취해 나가는 과정의 상태다.

⑦건록(建祿)

한자의 뜻 : 세울(건) / 급료(록)

학업을 마치고 사회에 나가 자기의 역할을 해내는 상태다.

⑧제왕(帝旺)

한자의 뜻 : 임금(제) / 왕성할(왕)

일생 중 가장 화려하게 꽃피는 시기다.

⑨쇠(衰)

한자의 뜻 : 쇠잔할(쇠)

인생의 극왕기를 지나 쇠퇴기로 접어드는 시기다.

⑩병(病)

한자의 뜻 : 병들(병)

사람이 늙어서 병을 얻은 상태다.

매사 막힘이 많다.

재물이 줄어들고 병약해질 수 있다.

⑪사(死)

한자의 뜻 : 죽을(사)

사람이 늙고 병들어 죽은 상태다.

⑫묘(墓)

한자의 뜻 : 무덤(묘)

죽은 후 장사지내고 무덤에 누워있는 상태다.

모든 것이 무덤 안에 갇혀있으니 재물과 일에 있어 막힘이 많이 있다.

십이운성(十二運星) 조견표

태어난 날의 천간 / 십이운성	甲	乙	丙	丁	戊	己	庚	辛	壬	癸
절(絶)	申	酉	亥	子	亥	子	寅	卯	巳	午
태(胎)	酉	申	子	亥	子	亥	卯	寅	午	巳
양(養)	戌	未	丑	戌	丑	戌	辰	丑	未	辰
장생(長生)	亥	午	寅	酉	寅	酉	巳	子	申	卯
목욕(沐浴)	子	巳	卯	申	卯	申	午	亥	酉	寅
관대(冠帶)	丑	辰	辰	未	辰	未	未	戌	戌	丑
건록(建祿)	寅	卯	巳	午	巳	午	申	酉	亥	子
제왕(帝旺)	卯	寅	午	巳	午	巳	酉	申	子	亥
쇠(衰)	辰	丑	未	辰	未	辰	戌	未	丑	戌
병(病)	巳	子	申	卯	申	卯	亥	午	寅	酉
사(死)	午	亥	酉	寅	酉	寅	子	巳	卯	申
묘(墓)	未	戌	戌	丑	戌	丑	丑	辰	辰	未

30 핵심 요점정리

1 오행이란?

　①木(목)　②火(화)　③土(토)　④金(금)　⑤水(수)

2 상생(相生)

서로가 서로를 낳고 도와주는 관계

①木生火(목생화) → 나무는 불을 낳는다

②火生土(화생토) → 불은 흙을 낳는다.

③土生金(토생금) → 흙은 쇠를 낳는다.

④金生水(금생수) → 쇠는 물을 낳는다.

⑤水生木(수생목) → 물은 나무를 낳는다.

3 상극(相剋)

서로가 서로를 이기고 제압하는 관계

①木剋土(목극토) → 나무는 흙을 이긴다(흙으로부터 영양분을 빼앗아 성장한다).

②土剋水(토극수) → 흙은 물을 이긴다(메워버린다).

③水剋火(수극화) → 물은 불을 이긴다(끈다).

④火剋金(화극금) → 불은 쇠를 이긴다(녹인다).

⑤金剋木(금극목) → 쇠는 나무를 이긴다(베어버린다).

4 천간(天干)

천간은 10개이며 양(陽)이 5개, 음(陰)이 5개다.

甲(갑), 乙(을), 丙(병), 丁(정), 戊(무), 己(기), 庚(경), 辛(신), 壬(임), 癸(계)

5 지지(地支)

지지는 12개의 동물이다.

子(자 → 쥐), 丑(축 → 소), 寅(인 → 호랑이), 卯(묘 → 토끼), 辰(진 → 용),

巳(사 → 뱀), 午(오 → 말), 未(미 → 양), 申(신 → 원숭이), 酉(유 → 닭),

戌(술 → 개), 亥(해 → 돼지)

6 지지(地支) 암장(暗藏) 표

지지가 포함하고 있는 한 개 또는 그 이상의 천간을 뜻한다.

지지	지지에 포함되어 있는 천간
子	癸
丑	癸辛己
寅	戊丙甲
卯	乙
辰	乙癸戊
巳	戊庚丙
午	己丁
未	丁乙己
申	戊壬庚
酉	辛
戌	辛丁戊
亥	甲壬

7 각 월(月)의 십이지지(十二地支) 표

음력				
	1月	寅	호랑이	인
	2月	卯	토끼	묘
	3月	辰	용	진
	4月	巳	뱀	사
	5月	午	말	오
	6月	未	양	미
	7月	申	원숭이	신
	8月	酉	닭	유
	9月	戌	개	술
	10月	亥	돼지	해
	11月	子	쥐	자
	12月	丑	소	축

8 사주 세우는 법

네 개의 기둥에 8글자가 쓰인다.

년, 월, 일, 시의 각 기둥에 천간(天干)과 지지(地支)가 하나씩 합(合)을 이루어 모두 합하였을 때 8글자가 되는 것을 의미한다.

《만세력》을 참고한다(인터넷 검색창에 '만세력'을 치면 검색할 수 있다).

9 이십사절기

1년은 12개의 절(節)과 12개의 기(氣)로 구성되어 있다.

①입춘 : 봄의 시작

②우수 : 봄비가 내리기 시작하는 시기

③경칩 : 겨울잠을 자던 개구리가 깨어나는 시기

④춘분 : 낮과 밤의 길이가 같은 시기

⑤청명 : 맑고 밝은 봄 날씨의 시작

⑥곡우 : 곡식 농사에 이로운 비가 내리는 시기

⑦입하 : 여름의 시작

⑧소만 : 밀보리가 여물기 시작하는 시기

⑨망종 : 보리가 익어 수확이 가능한 시기

⑩하지 : 낮이 가장 긴 날

⑪소서 : 더위가 시작되는 날

⑫대서 : 여름 중 가장 더운 날

⑬입추 : 가을이 시작되는 날

⑭처서 : 더위가 물러나는 시기

⑮백로 : 이 무렵 이슬이 내린다.

⑯추분 : 낮과 밤의 길이가 같은 시기

⑰한로 : 차가운 이슬이 본격적으로 내리는 시기

⑱상강 : 서리가 내리는 시기

⑲입동 : 겨울의 시작을 알리는 날

⑳소설 : 눈이 내리기 시작하는 시기

㉑대설 : 본격적으로 눈이 가장 많이 내리기 시작하는 시기

㉒동지 : 동지팥죽을 먹는 날. 일년 중 밤이 제일 긴 날

㉓소한 : 겨울의 매서운 추위가 본격적으로 시작되는 날

㉔대한 : 겨울 중 가장 추운 날

10 십이지지의 시간 조성표

자시	밤 11시 ~ 1시
축시	새벽 1시 ~ 3시
인시	새벽 3시 ~ 5시
묘시	새벽 5시 ~ 7시
진시	오전 7시 ~ 9시
사시	오전 9시 ~ 11시
오시	오전 11시 ~ 1시
미시	오후 1시 ~ 3시
신시	오후 3시 ~ 5시
유시	오후 5시 ~ 7시
술시	오후 7시 ~ 9시
해시	밤 9시 ~ 11시

11 육친(六親)

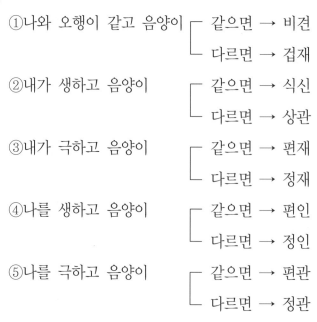

①나와 오행이 같고 음양이 ┌ 같으면 → 비견
                          └ 다르면 → 겁재

②내가 생하고 음양이 ┌ 같으면 → 식신
                    └ 다르면 → 상관

③내가 극하고 음양이 ┌ 같으면 → 편재
                    └ 다르면 → 정재

④나를 생하고 음양이 ┌ 같으면 → 편인
                    └ 다르면 → 정인

⑤나를 극하고 음양이 ┌ 같으면 → 편관
                    └ 다르면 → 정관

12 천간합(天干合)

서로 화합하여 하나로 묶인다는 뜻이다.

①甲己(갑기) ②乙庚(을경) ③丙辛(병신) ④丁壬(정임) ⑤戊癸(무계)

13 천간충(天干沖)

충이 된다함은 서로가 충돌하여 반목하고 이탈, 파괴한다는 뜻이다.

①甲庚(갑경) ②乙辛(을신) ③丙壬(병임) ④丁癸(정계)

14 육합(六合)

①寅亥(인해) ②辰酉(진유) ③午未(오미) ④丑子(축자) ⑤卯戌(묘술) ⑥巳申(사신)

15 삼합(三合)

①午寅戌(오인술) ②卯亥未(묘해미) ③子申辰(자신진) ④酉巳丑(유사축)

16 지지방합(地支方合)

방향이 같다. 즉 동서남북을 향하는 지지들의 합을 말한다.

방합을 계절합(季節合)이라고 한다. 동서남북의 방향에 따라 각 방향의 계절에 소속되어 있는 지지들의 합이다.

①寅卯辰(인묘진) → 봄

②巳午未(사오미) → 여름

③申酉戌(신유술) → 가을

④亥子丑(해자축) → 겨울

17 자형살(自刑殺)

①辰辰(진진) ②午午(오오) ③酉酉(유유) ④亥亥(해해)

18 상형살(相刑殺)

①子卯(자묘)

19 삼형살(三刑殺)

①寅巳申(인사신) ②丑戌未(축술미)

20 상충(相沖)

충이 된다함은 서로가 충돌하여 반목하고 이탈, 파괴한다는 뜻이다.

①巳亥(사해)　　　　②辰戌(진술)　　　　③卯酉(묘유)

④寅申(인신)　　　　⑤丑未(축미)　　　　⑥子午(자오)

21 육해살(六害殺)

①寅巳(인사)　　　　②卯辰(묘진)　　　　③丑午(축오)

④子未(자미)　　　　⑤亥申(해신)　　　　⑥戌酉(술유)

22 원진살(怨嗔殺)

①子未(자미)　　　　②丑午(축오)　　　　③寅酉(인유)

④卯申(묘신)　　　　⑤辰亥(진해)　　　　⑥巳戌(사술)

23 육파살(六破殺)

①巳申(사신)　　　　②寅亥(인해)　　　　③卯午(묘오)

④辰丑(진축)　　　　　⑤子酉(자유)　　　　　⑥戌未(술미)

24 삼재(三災)운이 드는 해

①쥐띠(子)	호랑이, 토끼, 용의 년도
②소띠(丑)	돼지, 쥐, 소의 년도
③호랑이띠(寅)	원숭이, 닭, 개의 년도
④토끼띠(卯)	뱀, 말, 양의 년도
⑤용띠(辰)	호랑이, 토끼, 용의 년도
⑥뱀띠(巳)	돼지, 쥐, 소의 년도
⑦말띠(午)	원숭이, 닭, 개의 년도
⑧양띠(未)	뱀, 말, 양의 년도
⑨원숭이띠(申)	호랑이, 토끼, 용의 년도
⑩닭띠(酉)	돼지, 쥐, 소의 년도
⑪개띠(戌)	원숭이, 닭, 개의 년도
⑫돼지띠(亥)	뱀, 말, 양의 년도

①寅卯辰 3년에 걸쳐 삼재가 드는 띠는? → 子申辰 띠
　계절합(지지방합)　　　　　　　　　　　　　　　　　삼합

②巳午未 3년에 걸쳐 삼재가 드는 띠는? → 亥卯未 띠
　계절합(지지방합)　　　　　　　　　　　　　　　　　삼합

③申酉戌 3년에 걸쳐 삼재가 드는 띠는? → 寅午戌 띠
　계절합(지지방합)　　　　　　　　　　　　　　　　　삼합

④亥子丑 3년에 걸쳐 삼재가 드는 띠는? → 巳酉丑 띠
　계절합(지지방합)　　　　　　　　　　　　　　　　　삼합

❖ 쉽게 외우는 방법 ☞ ①계절합 4개를 순서대로 쓴다.
　　　　　　　　　　②계절합의 辰戌丑未와 삼합이 되는 지지를 적는다.
　　　　　　　　　　③3개의 띠가 3년에 걸쳐 삼재에 들게 된다.

25 십이운성(十二運星)

①절(絕) ②태(胎) ③양(養) ④장생(長生) ⑤목욕(沐浴) ⑥관대(冠帶)
⑦건록(建祿) ⑧제왕(帝旺) ⑨쇠(衰) ⑩병(病) ⑪사(死) ⑫묘(墓)

①절(絕) → 어머니의 자궁에 생명체를 받아들이기 전의 상태

②태(胎) → 자궁에 아이가 잉태된 상태

③양(養) → 어머니 뱃속에서 자라나는 상태

④장생(長生) → 출생한 상태

⑤목욕(沐浴) → 출생 후 몸에 묻은 오물을 씻는 상태

⑥관대(冠帶) → 아이가 자라서 사회규범을 익히고 학업을 성취해 나가는 과정의 상태

⑦건록(建祿) → 학업을 마치고 사회에 나가 자기의 역할을 해내는 상태

⑧제왕(帝旺) → 일생 중 가장 화려하게 꽃피는 시기

⑨쇠(衰) → 인생의 극왕기를 지나 쇠퇴기로 접어드는 시기

⑩병(病) → 사람이 늙어서 병을 얻은 상태

⑪사(死) → 늙고 병들어 죽은 상태

⑫묘(墓) → 죽은 후 장사지내고 무덤에 누워있는 상태

1. 오행(五行)의 다섯 가지를 쓰시오.

   (   )

2. 서로가 서로를 낳고 도와주는 관계를 무엇이라 하는가?

   (   )

3. 서로가 서로를 이기고 제압하는 관계를 무엇이라 하는가?

   (   )

4. 상생(相生)의 그림을 완성하시오.

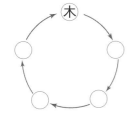

5. 상극(相剋)의 그림을 완성하시오.

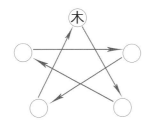

6. 한자를 소리나는 대로 적고 그 뜻을 풀이하여 적으시오.

　　①木生火 →

　　②火生土 →

　　③土生金 →

　　④金生水 →

　　⑤水生木 →

7. 한자를 소리나는 대로 적고 그 뜻을 풀이하여 적으시오.

　　①木剋土 →

　　②土剋水 →

　　③水剋火 →

　　④火剋金 →

　　⑤金剋木 →

8. 다음을 한자로 쓰시오.

　　①오행

　　②상생

　　③상극

9. 천간(天干) 10개를 적으시오.

　　(　　　　　　　　　　　　　　　　　　　)

10. 천간(天干) 중 양(陽)에 해당되는 5개를 적으시오.

　　(　　　　　　　　　　　　　　　　　　　)

11. 천간(天干) 중 음(陰)에 해당되는 5개를 적으시오.

　　(　　　　　　　　　　　　　　　　　　　　　)

12. 서로 맞는 것끼리 화살표로 연결하시오.

　　①甲 •　　　　• 신

　　②辛 •　　　　• 무

　　③戊 •　　　　• 갑

　　④己 •　　　　• 경

　　⑤乙 •　　　　• 기

　　⑥庚 •　　　　• 을

　　⑦丙 •　　　　• 병

　　⑧壬 •　　　　• 정

　　⑨丁 •　　　　• 임

　　⑩癸 •　　　　• 계

13. 천간 중에서 오행이 같은 것을 2개씩 쓰고 음양을 표시하시오.

　　(예) 오행이 木인 것 2개 → ①甲, 양(陽)

　　　　　　　　　　　　　　　②乙, 음(陰)

　　오행이 火인 것 2개 → ①

　　　　　　　　　　　　　②

　　오행이 土인 것 2개 → ①

　　　　　　　　　　　　　②

　　오행이 金인 것 2개 → ①

　　　　　　　　　　　　　②

오행이 水인 것 2개 → ①

　　　　　　　　　　　②

14. 문제에 해당되는 천간을 한자로 써 넣으시오.

　①큰 나무 →

　②쇠를 녹이는 불, 촛불, 등대 →

　③다듬어지지 않은 원석, 바위, 쇳덩어리 →

　④큰산 →

　⑤바늘, 칼, 못, 침, 장신구, 보석 →

　⑥논, 밭, 기름진 땅, 농사지을 수 있는 땅 →

　⑦큰바다, 거대한 호수 →

　⑧새싹 →

　⑨작은 시냇물, 샘물, 서리 →

　⑩태양 →

15. 표를 완성하시오.

천간	甲	乙	丙	丁	戊	己	庚	辛	壬	癸
방위							서쪽			
계절							가을			
색깔							흰색			

16. 지지(地支) 12개를 적으시오.

　　(　　　　　　　　　　　　　　　　　　　　　　　)

17. 지지(地支) 중 양(陽)에 해당되는 6개를 적으시오.

    (   )

18. 지지(地支) 중 음(陰)에 해당되는 6개를 적으시오.

    (   )

19. 빈칸을 채워 넣으시오.

①쥐 → (子) → (자)　　②소 → (　　) → (　　)

③호랑이 → (　　) → (　　)　　④토끼 → (　　) → (　　)

⑤용 → (　　) → (　　)　　⑥뱀 → (　　) → (　　)

⑦말 → (　　) → (　　)　　⑧양 → (　　) → (　　)

⑨원숭이 → (　　) → (　　)　　⑩닭 → (　　) → (　　)

⑪개 → (　　) → (　　)　　⑫돼지 → (　　) → (　　)

20. 지지 중에서 오행이 같은 것을 쓰고 음양을 표시하시오.

    (예) 오행이 木인 것 2개 → ①寅, 양(陽)

                            ②卯, 음(陰)

    오행이 火인 것 2개 → ①

                            ②

    오행이 土인 것 4개 → ①

                            ②

                            ③

                            ④

오행이 金인 것 2개 → ①

②

오행이 水인 것 2개 → ①

②

21. 지지 암장표를 완성하시오.

지지	子	丑	寅	卯	辰	巳	午	未	申	酉	戌	亥
지지에 포함되어 있는 천간												

22. 사주 팔자란 무엇인지 쓰시오.

(   )

23. 빈칸을 채우시오.

(예)음력 1월은 (호랑이 寅)달이다.

①음력 1월은 (   )달이다.

②음력 2월은 (   )달이다.

③음력 3월은 (   )달이다.

④음력 4월은 (   )달이다.

⑤음력 5월은 (   )달이다.

⑥음력 6월은 (   )달이다.

⑦음력 7월은 (   )달이다.

⑧음력 8월은 (　　　　　　)달이다.

⑨음력 9월은 (　　　　　　)달이다.

⑩음력 10월은 (　　　　　　)달이다.

⑪음력 11월은 (　　　　　　)달이다.

⑫음력 12월은 (　　　　　　)달이다.

24. 십이지지의 시간 조성표를 완성하시오.

자시	
축시	
인시	
묘시	
진시	
사시	
오시	
미시	
신시	
유시	
술시	
해시	

25. 빈칸을 채워 넣으시오.

　　①나와 오행이 같고 음양이 같으면 (　　　), 다르면 (　　　　)

　　②내가 생하고 음양이 같으면 (　　　), 다르면 (　　　　)

　　③내가 극하고 음양이 같으면 (　　　　), 다르면 (　　　　)

④나를 생하고 음양이 같으면 (　　　), 다르면 (　　　)

⑤나를 극하고 음양이 같으면 (　　　), 다르면 (　　　)

26. 육친(六親)에서 빈칸을 채우시오.

①비견은 남녀 공통으로 (　　　　　　　　　)에 해당된다.

②겁재는 남녀 공통으로 (　　　　　　　　　)에 해당되고,

남자에게는 (　　　), 여자에게는 (　　　)이다.

③식신은 남녀 공통으로 (　　　)에 해당되고,

남자에게는 (　　　　　), 여자에게는 (　　　　　)이다.

④상관은 남녀 공통으로 (　　　　　　　　　)에 해당되고,

남자에게는 (　　　　　), 여자에게는 (　　　　　)이다.

⑤편재는 남녀 공통으로 (　　　)에 해당되고,

남자에게는 (　　　), 여자에게는 (　　　)이다.

⑥정재는 남자에게는 (　　　)에 해당되고 여자에게는 (　　　)이다.

⑦편관은 남자에게는 (　　　)에 해당되고 여자에게는 (　　　)이다.

⑧정관은 남자에게는 (　　　)에 해당되고 여자에게는 (　　　)이다.

⑨편인은 남녀 공통으로 (　　　)에 해당된다.

⑩정인은 남녀 공통으로 (　　　)에 해당된다.

27. 천간합(天干合) 5개를 적으시오.

(　　　　　　　　　　　　　　　)

28. 천간충(天干沖) 4개를 적으시오.

(　　　　　　　　　　　　　　　)

29. 육합(六合) 6개를 적으시오.

    (   )

30. 삼합(三合) 4개를 적으시오.

    (   )

31. 지지방합(계절합) 4개를 적으시오.

    (   )

32. 자형살(自形殺) 4개를 적으시오.

    (   )

33. 상형살(相形殺) 1개를 적으시오.

    (   )

34. 삼형살(三形殺) 2개를 적으시오.

    (   )

35. 상충(相沖) 6개를 적으시오.

    (   )

36. 육해살(六害殺) 6개를 적으시오.

    (   )

37. 원진살(怨嗔殺) 6개를 적으시오.

(   )

38. 육파살(六破殺) 6개를 적으시오.

(   )

39. 십이운성 12개를 한자로 쓰시오.

(   )

40. 삼재(三災)란 무엇인지 쓰시오.

(   )

1. 木(목), 火(화), 土(토), 금(金), 水(수)

2. 상생(相生)

3. 상극(相剋)

4.

5.

6. ①목생화 → 나무는 불을 낳는다

　②화생토 → 불은 흙을 낳는다.

　③토생금 → 흙은 쇠를 낳는다.

　④금생수 → 쇠는 물을 낳는다.

　⑤수생목 → 물은 나무를 낳는다.

7. ①목극토 → 나무는 흙을 이긴다(흙에서 영양분을 빼앗아 성장한다).

　②토극수 → 흙은 물을 이긴다(메워버린다).

　③수극화 → 물은 불을 이긴다(끈다).

　④화극금 → 불은 쇠를 이긴다(녹인다).

　⑤금극목 → 쇠는 나무를 이긴다(베어버린다).

8. ①오행 → 五行　　②상생 → 相生　　③ 상극 → 相剋

9. ①甲(갑)　②乙(을)　③丙(병)　④丁(정)　⑤戊(무)　⑥己(기)　⑦庚(경)　⑧辛(신)　⑨壬(임)　⑩癸(계)

10. ①甲　②丙　③戊　④庚　⑤壬

11. ①乙　②丁　③己　④辛　⑤癸

12.
①甲 •　　　　• 신
②辛 •　　　　• 무
③戊 •　　　　• 갑
④己 •　　　　• 경
⑤乙 •　　　　• 기
⑥庚 •　　　　• 을
⑦丙 •━━━━• 병
⑧壬 •　　　　• 정
⑨丁 •　　　　• 임
⑩癸 •━━━━• 계

13. 오행이 火인 것 2개 → ①丙(양) ②丁(음)

　　오행이 土인 것 2개 → ①戊(양) ②己(음)

　　오행이 金인 것 2개 → ①庚(양) ②辛(음)

　　오행이 水인 것 2개 → ①壬(양) ②癸(음)

14. ①甲　②丁　③庚　④戊　⑤辛　⑥己　⑦壬　⑧乙　⑨癸　⑩丙

15.

천간	甲	乙	丙	丁	戊	己	庚	辛	壬	癸
방위	동쪽		남쪽		중앙		서쪽		북쪽	
계절	봄		여름		계절과 계절 사이를 조절하는 중간적 역할		가을		겨울	
색깔	녹색		붉은색		노란색		흰색		검정색	

16. ①子　②丑　③寅　④卯　⑤辰　⑥巳　⑦午　⑧未　⑨申　⑩酉　⑪戌　⑫亥

17. ①子　②寅　③辰　④午　⑤申　⑥戌

18. ①丑　②卯　③巳　④未　⑤酉　⑥亥

19. ①쥐 → (子) → (자)   ②소 → (丑) → (축)   ③호랑이 → (寅) → (인)

  ④토끼 → (卯) → (묘)   ⑤용 → (辰) → (진)   ⑥뱀 → (巳) → (사)

  ⑦말 → (午) → (오)   ⑧양 → (未) → (미)   ⑨원숭이 → (申) → (신)

  ⑩닭 → (酉) → (유)   ⑪개 → (戌) → (술)   ⑫돼지 → (亥) → (해)

20. 오행이 火인 것 2개 → ①巳(음)

                    ②午(양)

  오행이 土인 것 4개 → ①辰(양)

                    ②戌(양)

                    ③丑(음)

                    ④未(음)

  오행이 金인 것 2개 → ①庚(양)

                    ②辛(음)

  오행이 水인 것 2개 → ①壬(양)

                    ②癸(음)

21.

지지	子	丑	寅	卯	辰	巳	午	未	申	酉	戌	亥
지지에 포함되어 있는 천간	癸	癸 辛 己	戊 丙 甲	乙	乙 癸 戊	戊 庚 丙	己 丁	丁 乙 己	戊 壬 庚	辛	辛 丁 戊	甲 壬

22. 네 개의 기둥에 여덟 글자가 쓰이는 것을 뜻한다.

23. ①호랑이 寅 ②토끼 卯 ③용 辰 ④뱀 巳 ⑤말 午 ⑥양 未

   ⑦원숭이 申 ⑧닭 酉 ⑨개 戌 ⑩돼지 亥 ⑪쥐 子 ⑫소 丑

24.

자시	밤 11시 ~ 1시
축시	새벽 1시 ~ 3시
인시	새벽 3시 ~ 5시
묘시	새벽 5시 ~ 7시
진시	오전 7시 ~ 9시
사시	오전 9시 ~ 11시
오시	오전 11시 ~ 1시
미시	오후 1시 ~ 3시
신시	오후 3시 ~ 5시
유시	오후 5시 ~ 7시
술시	오후 7시 ~ 9시
해시	밤 9시 ~ 11시

25. ①비견, 겁재 ②식신, 상관 ③편재, 정재 ④편인, 정인 ⑤편관, 정관

26.

	공통	남	여
비견	형제, 동료, 친구		
겁재	이복형제, 동서간	며느리	시아버지
식신	할머니	장모, 손자, 손녀	아들
상관	할머니	손자, 손녀	딸
편재	아버지	애인, 첩	시어머니
정재		본처	정당한 재물
편관		아들	정부, 애인
정관		딸	본남편
편인	새어머니		
정인	어머니		

27. 천간합 5개

　　①甲己　②乙庚　③丙辛　④丁壬　⑤戊癸

28. 천간충 4개

　　①甲庚　②乙辛　③丙壬　④丁癸

29. 육합 6개

　　①寅亥　②辰酉　③午未　④丑子　⑤卯戌　⑥巳申

30. 삼합 4개

　　①午寅戌　②卯亥未　③子申辰　④酉巳丑

31. 지지방합 4개

　　①寅卯辰　②巳午未　③申酉戌　④亥子丑

32. 자형살 4개

　　①辰辰　②午午　③酉酉　④亥亥

33. 상형살 1개

　　①子卯

34. 삼형살 2개

　　①寅巳申　②丑戌未

35. 상충 6개

　　①巳亥　②辰戌　③卯酉　④寅申　⑤丑未　⑥子午

36. 육해살 6개

　　①寅巳　②卯辰　③丑午　④子未　⑤亥申　⑥戌酉

37. 원진살 6개

　　①子未　②丑午　③寅酉　④卯申　⑤辰亥　⑥巳戌

38. 육파살 6개

　　①巳申　②寅亥　③卯午　④辰丑　⑤子酉　⑥戌未

39. 십이운성 12개

　　①절(絕)　②태(胎)　③양(養)　④장생(長生)　⑤목욕(沐浴)　⑥관대(冠帶)

　　⑦건록(建祿)　⑧제왕(帝旺)　⑨쇠(衰)　⑩병(病)　⑪사(死)　⑫묘(墓)

40. 돈, 명예, 건강에 재앙이 든다는 뜻이다.